그레고리오
인문학총서 001

부산·영남 천주교 역사와 성지순례

* 이 책은 그레고리오재단의 인문학 지원 사업을 통하여 발간되었습니다.
* 그레고리오재단은 운암雲巖 이우일李宇一(그레고리오) 선생의 출연으로
  설립되어 장학사업 및 공익 문화 사업을 수행하고 있습니다.

부산·영남 천주교 역사와 성지순례

지은이 박화진

국학자료원

## 글을 시작하면서

　우리 현대인은 너무나 바쁜 일상 속에서 살아가고 있다. 넘쳐나는 수많은 정보와 엄청난 숫자의 물건들에 풍요 속의 빈곤을 경험하곤 한다. 보다 풍요로운 삶을 위해서, 아니 보다 멋지고 행복한 인생을 보내기 위해서라는 구실 하에 이런저런 많은 일에 매여 지내는 사이에 어느 새 하루가 지나고, 한 달 그리고 한 해가 쏜살같이 흘러가버림에 왠지 마음 한 구석이 휑하니 비는 것 같음을 느낄 때가 적지 않다. 때때로 잠시 모든 것을 멈추고 서서 기도하기를 간절히 원하면서도, 세상만사의 유혹에 좀처럼 여유로운 시간을 갖지 못할 때가 많기 때문이다.

　내 삶에 가장 중요한 것이 무엇일까라는 의문과 그에 대한 답을 찾으러 훌쩍 성지순례를 다녀오고 싶을 때가 종종 있었다. 그러나 대한민국 전국의 성지를 한 번에 다 돌아보기는 매일 해야 할 업무에 매어 있어 좀처럼 쉽지 않았다. 이에 필자가 거주하고 있는 부산을 중심으로, 당일 하루 코스로 다녀올 수 있는 영남 지역에 있는 성지순례지에 대해 순례를 가보았다. 바쁜 일상 속에서도 잠시 시간을 내어 다녀옴으로써 성령님의 큰 축복과 은혜를 느낄 수 있었으므로 영남지역 성지에 대해 소개하기로 마음먹게 되었다.

성지순례지에 대한 소개에 앞서 한국 천주교의 보급과 그 특징, 이어지는 천주교 신자에 대한 탄압과 수난 이야기, 나아가 수많은 선조 천주교 신앙인들의 피맺힌 순교 이야기에 대한 실마리를 푸는 것으로 영남 지역 성지 순례이야기를 시작하기로 한다. 한국 천주교의 시작 시기에 대해서는 여러 가지 설이 분분하다. 일설에는 임진왜란 전후의 일본에 포로로 끌려갔다 돌아온 조선인에 의해 1592년부터 천주교가 한반도에서 시작되었다는 설이 있으나 (로이즈 데 메디나 신부·박철 번역, 『한국 천주교 전래의 기원 1566~1784』, 1989.12, 서강대 출판부), 한국 천주교 교회 공식입장으로는 메디나 신부의 상기 천주교 기원설에 찬성하지 않고 1784년 1월 말 북경에서 프랑스출신 예수회 신부 그랑몽 신부(Grammont Jean Joseph de, 1736~1812년)로부터 이승훈이 세례 받은 이후를 한국천주교의 시작이라고 주장하고 있다.

베드로라는 세례명으로 한국 최초의 영세입교자가 된 이승훈은 선교사들로부터 서양의 천문·수학·기하학 서적들과 많은 교회 서적을 입수하여 귀국하자마자, 이벽에게 북경에서 가져온 서적을 건네주고 세례성사의 중요성을 설명하였다. 1784년 가을 수표교

인근에 있던 이벽 집에서 이승훈에 의해 한국에서의 첫 번째 세례
식이 거행되어 이벽(요한)·정약용(요한)·권일신(프란치스코 사베리
오) 등이 세례를 받았으니 이른바 한국 천주교회의 창설이었다. 곧
이어서 두 번째 세례식이 1784년 늦겨울, 다시 수포교의 이벽 집
에서 거행되어 중인 출신의 최창현(요한), 최인길(마티아), 김종교(프
란치스코), 김범우(토마스) 등이 영세를 받았다. 이렇게 이승훈은 여
러 사람들에게 세례를 주었으며 천주교 신앙이 확대되는 과정에
서 새로운 전도자를 탄생시켜 나갔다.

　이와 같이 한국 천주교의 시작은 서양 선교사들에 의해 외부로부
터 신앙이 전파되어 들어온 것이 아니라, 이벽·이승훈을 비롯한
조선의 지식인들이 교리를 연구하는 과정에 천주학이라는 새로운
학문을 천주교 신앙으로 이해하고 더 나아가 자발적으로 이를 받
아들임으로서 창설되었으니 이는 세계 교회사에서 매우 드문 현
상으로서 거의 유일하다고 한다. 이와같이 한국 천주교의 특성은
외국 신부에 의존하지 않고 국내인들 사이에서 자생적으로 생성
되고 전도되어 간 신앙이라는 점에서 세계사적으로 그 유례를 찾
아볼 수 없는 희귀한 현상으로서 매우 높이 평가되고 있다.

그러나 조선후기 천주교의 전래·보급은 지배계층이었던 유학자들에 의한 강경한 반대를 만나, 수많은 천주교 신자들은 이후 많은 탄압과 수난 속에 재산을 몰수당하거나 가족들과 헤어져 정들었던 고향을 떠나 전국 각지로 흩어져 떠돌아다니게 되었으며 혹은 산 속 동굴이나 범굴에서 지내기도 하였으며 때로는 붙잡혀서 감옥에서 격심한 매질과 고문 등으로 인하여 피로 얼룩지고 심한 부상을 당하거나 목숨을 잃었다. 기아와 고통·모멸 속에도 조금도 굴하지 않고 주님을 찬미하며 죽어가는 순례자들의 당당하고 빛난 표정은 그들을 고문했던 포졸들을 감동시키기도 하였다고 한다. 이러한 수난과 순교 사건은 이른바 1785년(을사년) 봄 명례동 김범우 집에서의 비밀 신앙 집회가 적발됨으로서 시작되었던 을사추조 적발사건을 비롯해, 신해박해(1791년)·을묘박해(1795년)·정사박해(1798년)·신유박해(1801년)·을해박해(1815년)·정해박해(1827년)·기해박해(1839년)·병오박해(1846년)·경신박해(1859년)·병인박해(1866년) 등등 엄청난 박해를 천주교 신자들에게 가했던 것이다. 그러나 우리 천주교 신앙을 믿는 믿음의 선조들은 서학이라는 이름으로 엄청난 박해와 탄압을 받는 중에도 주님에 대한 신앙을 지키기 위하여, 자기재산을 비롯하여 자신은 물론이고 가족들의 목숨까지도 다 주님께 바치며 기꺼이 순교하였던 숭고한 정신세계를 성지순례 속에 체험할 수 있었다.

부산 영남지역 성지순례에 대한 감동적 사진 촬영에 함께 동반하여 주신 부경대학교 교수님(권오봉·김석윤·박미옥·조태진·최연욱·황희숙)에게 깊은 감사를 드리며, 또한 김대건 신부님·최양업신부님을 비롯하여 이 땅에서 순교하신 파리외방선교회 신부님들과 순교자 관련 사진들의 제공을 허락하여 주신 오륜대 한국순교자박물관 배선영 관장님과 관계자 여러분, 그리고 마지막으로 이 책이 나오도록 기회를 주신 그레고리오 재단 이미화 이사장님께 깊은 감사를 드리는 바이다.

2018년 12월 말일
글라라 박화진

# 차 례

| 제3부 |

# 부산·영남지역 천주교 성지순례     

제1부

한국 천주교의 전래와
순교의 역사

# 1. 한국 천주교의 태동

## 1) 한국 천주교 태동의 배경

한국 천주교는 언제부터 어떻게 시작되었을까. 그 시작 시기에 대해서는 여러 가지 설이 분분하다. 일설에는 임진왜란 전후의 일본에 포로로 끌려갔다 돌아온 조선인에 의해 1592년부터 시작되었다는 설이 있으나[1] 대개 한국 천주교의 공식입장으로는 메디나 신부의 한국 천주교 기원설에 찬성하지 않고 1784년 이승훈이 북경에서 세례받은 이후를 한국천주교의 시작이라고 주장하고 있다.

---

[1] 로이즈 데 메디나 신부(로마 예수회 역사연구소 소속)의 『한국 천주교 전래의 기원 1566~1784』(메디나 저, 박철 번역, 1989. 12, 서강대 출판부)에 의하면 고문서를 발견하여 천주교의 한국 전래는 1592년으로 잡고 있다. 그는 말하길, 임진왜란 당시 포로로 일본으로 끌려갔던 '권'이라 불리는 소년에게 베드로 모레혼 이란 신부가 1592년 12월 세례를 주었다는 것이다. 로마 예수회 역사 연구소 측은 메디나 신부가 예수회 문서보관서에서 이 같은 사실이 기록된 관련 문서를 발견하였다고 하며 특히 '권'이 교리교사겸 복사로서 조선의 국경지방까지 가서 활약했으며 (1612~1618년) 그 이후에는 예수회 신부로서 활약했다는 사실도 밝히고 있다.

조선후기 한국 천주교 태동의 시대적·역사적 배경에 대해 먼저 살펴 보기로 하자. 1582년 마테오 리치가 마카오에 도착하여 예수회의 중국 선교가 시작되었다. 그는 조경(肇慶)·조주(詔州)·남창(南昌)·남경(南京)을 거쳐 1601년 북경에 들어가 신종(神宗)에게 자명종을 비롯하여 천주 및 마리아 화상, 보석 박힌 십자가, 서양금(西洋琴) 등 진기한 물품을 헌상 하여 선교사의 체재를 허락받았고 1601년 북경에서 사망할 때까지 중 국 전체에서 약 2,500여 명의 신자를 얻었다. 이후 예수회를 비롯하여 도미니크회, 프란치스코회, 아우구스티노회 소속 선교사들이 중국을 찾아오게 되었다.

한편 해마다 정기적으로 중국으로 파견되던 조선 연행사들은 북경 에 체류하는 서양인 선교사들의 명성과 학문을 알게 되었으며 그들과 접촉하여 새로운 서양학문에 대한 관심을 보이게 되어 서로 필담으로 학문적 교류를 하였음을 찾아볼 수 있다. 인조 9년(1631) 진주사(陳奏使) 정두원을 비롯하여 인조 22년(1644) 소현세자, 영조 42년(1766) 담헌 홍대 용 등은 서양 선교사들과 접촉하여 서학 및 천주교 등에 대해 질의응 답을 하였다. 여러 차례 중국 땅으로부터 조선전도가 시도되었으나 북 경의 서양 선교사들은 결국 우리나라 땅에 직접 천주교를 선교하지는 못하였다. 서학서적 전래는 이미 17세기 초엽부터 시작된 것 같은데, 그 중에는 순전히 천주교리 관련 서적도 포함되어 있었으니 예를 들면 『천주실의』·『칠극』·『영언여작』·『직방외기』 등을 들 수 있다.

한국 천주교는 기호 남인학파에 의해 시작되었는데, 젊은 학자 이벽 (李檗, 1754~1786년)과 이승훈(李承薰, 1758~1801년)의 만남을 들 수 있다. 일 찍이 이벽은 1779년 주어사(走魚寺) 강학에서부터 1783년 무렵까지 천 주교 교리를 깊이 연구하였으나 학문적 한계를 느끼게 되었다. 그는 북경에 가서 직접 선교사들을 만나 설명을 듣고 필요한 서적을 얻어

오는 것만이 의문을 풀 수 있으리라고 고민하던 중 이승훈을 만남으로써 새로운 돌파구를 찾게 되었다. 때마침 이승훈이 동지사 서장관으로 임명된 부친 이동욱을 따라 북경에 간다는 소식에 서양선교사를 만나 천주교 서적을 구해올 것을 부탁하였다.

이에 이승훈은 1783년 10월 말 서울을 출발하여 동년 12월 21일(음) 북경에 도착, 북당(북경에 있었던 4개의 성당 가운데 하나로 한국 천주교회 창설의 직접적 계기가 된 성당)을 찾아가 예수회 신부들에게 가르침을 받게 되어 마침내 1784년 1월 말 프랑스 출신 예수회 신부 그랑몽 신부[2])로부터 '베드로'라는 세례명으로 세례를 받기에 이르렀다. 이렇게 한국 최초의 영세입교자가 된 이승훈은 선교사들로부터 서양의 천문, 수학, 기하학 서적들과 많은 교회 서적을 입수하여 서울로 돌아왔다.

이승훈은 귀국하자마자 이벽에게 북경에서 가져온 서적을 건네주고 세례성사의 중요성을 설명하였다. 그리하여 1784년 가을 수포교 인근에 있던 이벽 집에서, 이승훈에 의해 한국에서의 첫 번째 세례식이 거행되어 이벽(요한), 정약용(요한), 권일신(프란치스코 사베리오) 등이 세례를 받았으니 이른바 한국 천주교회의 창설이다.

이어서 두 번째 세례식이 1784년 늦겨울, 다시 수포교 이벽 집에서 거행되어 중인 출신의 최창현(요한), 최인길(마티아), 김종교(프란치스코), 김범우(토마스) 등이 영세를 받았다. 이와 같이 이승훈은 여러 사람들에게 세례를 주었으며 천주교 신앙이 확대되는 과정에서 새로운 전도자를 탄생시켜 나갔다. 역관출신인 최창현은 한문 서적들을 한글로 번역

---

2) 그랑몽(Grammont Jean Joseph de, 1736~1812년) 신부는 1768년 중국으로 파견되어 북경 황실 천문역산 기관인 흠천감에서 수학자와 통역관으로 활약했다. 1784년 동지사를 따라 북경에 온 이승훈에게 베드로라는 이름으로 세례를 줌으로써 한국 천주교회 창설의 기반을 다졌다.

하여 유포하기 시작하였으며 같은 역관출신 김범우, 최인길 등도 복음 전파에 앞장섰다. 이에 신자 수가 계속 증가하자 명례방(명동 인근)에 거주하던 김범우는 자신의 집을 새 집회소로서 제공하여, 수포교 공동체에서 명례방 공동체로 바뀌게 되었다.

이처럼 한국 천주교회는 서양 선교사들에 의해 외부로부터 신앙이 전파된 것이 아니라 조선의 지식인들이 교리를 연구하는 과정에 천주학이라는 새로운 학문을 천주교 신앙으로 이해하고 더 나아가 자발적으로 이를 받아들임으로서 창설되었으니 이는 세계 교회사에서 유일하다고 한다.[3] 그리하여 한국 천주교의 특성을 외국 신부에 의존하지 않고 국내인들 사이에서 자생적으로 생성되고 전도되어간 신앙이라는 점에서 높이 평가되어야만 할 것이다.

## 2) 한국 천주교 초기 조선인 신부

### (1) 김대건 신부님

김대건(1822~1846년) 신부님은 조선인 최초의 신부님으로서, 서품 이후 사목생활 1년 만에 순교하였다(1846년 9월 16일). 사제 서품 즉시 상해를 떠나야 되었고 조선에 입국하여 1845년 11월 서울에 도착한 후 이듬해 5월까지 6개월만 사목활동을 할 수 있었다. 김대건 신부의 교명은 안드레아(Andreas), 아명은 재복(再福), 이름은 지식(芝植)이며 충청남도 당진 출신이다. 증조부 김진후(金震厚) 비오(Pius)가 10년 동안의 옥고 끝에 순교하자, 할아버지 김택현(金澤鉉)이 경기도 용인군 내사면 남곡리로 이사함에 따라 그곳에서 성장하였다. 김대건 신부님은 1821년 8월 21

---

3) 김용기 편집,『한국의 천주교 수용, 순교사 및 현대교회』, 2013.

일 충남 당진군 우강면 송산리 솔 뫼 마을에서 아버지 김제준 이냐시오와 어머니 고 우르술라 사이에서 태어났다. 김대건 신부님의 증조부 김진후와 아버지 김제준은 순교로써 신앙을 증거한 순교자다. 신앙 깊은 순교자의 집안에서 성장한 김대건은 굳센 기질과 열심한 신덕으로 충실히 생활하던 중, 1831년 조선교구가 설정된 이후 16세 때인 1836년(헌종 2년), 프랑스 신부 모방(Maubant, P.)에게 영

▲ 성 김대건 신부 『병인년 햇불 조선왕조와 천주교』, p.100.

세를 받고 예비 신학생으로 선발되어 최양업(崔良業) 토마스와 최방제(崔方濟) 프란치스코와 함께 역관 유진길에게 중국어를 배우고, 모방 신부의 소개장을 가지고 마카오에 있는 파리외방전 교회 동양경리부(巴里外邦傳敎會東洋經理部)로 가게 되었다. 그곳 책임자인 신부 리부아(Libois, N.)의 배려로 마카오에서 중등 과정의 교육을 마친 뒤 다시 철학과 학 과정을 이수하였다. 조선 전교 책임을 맡은, 마카오에 있는 파리 외방전 교회 칼레리 신부에게 신학을 비롯한 서양의 여러 학문과 프랑스어·중국어·라틴어를 배웠다. 그러나 불행하게도 최방제 프란치스코는 병사하였으므로, 남은 두 신학생만이 훌륭히 학업과 성덕을 닦았으나 나이가 25세에 이르지 못하여 때가 오기를 기다렸다. 아버지 김제준(金濟俊)도 독실한 천주교 신자였으며, 1839년 기해박해 때 서울 서소문 밖에서 순교했다.

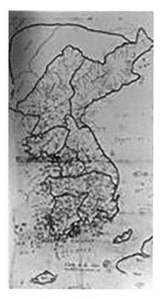

▲ **조선전도** 전게서, p.101, 오륜
대 한국순교자 박물관

▲ **라파엘호**(Raphael호) 오륜대 한
국순교자박물관 – 성인 김대
건 신부 일행이 1845년 상해
로 갈 때와 조선입국 시에 이
용한 선박

그 뒤 조선교구 제3대 교구장 주교 페레
올(Ferreol, Jean Joseph)의 지시로, 동북국경을
통과하는 새로운 잠입로를 개척하고자 남
만주를 거쳐 두만강을 건너 함경도 땅에
잠입했으나 여의치 못하여 다시 만주로
돌아갔다. 그동안에도 꾸준히 신학을 공
부하고, 1844년에 부제(副祭)가 되었다. 그
해 말에 서북국경선을 돌파하고 1845년(헌
종11년) 1월, 홀로 국경을 넘어 서울에 잠입
하는 데 성공하여 10년만에 귀국하였다.
서울에 자리 잡은 뒤 박해의 타격을 받은
천주교회를 재수습하고 1845년 천주교 대
탄압 이후 위축되었던 교세 확장에 전력
을 기울이다가 다시 프랑스 외방전교회의
지원을 요청하기 위하여 쪽배를 타고 상
하이로 건너갔다.

그리하여 1845년 8월, 상해 포동 금가항
(金家巷) 성당에서 탁덕(鐸德)으로 승품하고
우리나라 사람으로 최초로 신부가 되어
만당성당(萬堂聖堂)에서 처음으로 미사를
집전하였다. 이후 충남 강경에 상륙하여
포교와 전도에 힘썼는데, 같은 해 8월에
주교 페레올, 신부 다블뤼(Daveluy, M. N. A.)와
함께 서울에 돌아와서 활발한 전교활동을
폈다. 1846년 5월 서양성직자 잠입 해로를

개척하다가 순위도(巡威島)에서 체포되었다. 서울로 압송된 뒤 문초를 통하여 국금(國禁)을 어기고 해외에 유학한 사실 및 천주교회의 중요한 지도자임이 밝혀졌다. 이에 정부는 그에게 '염사지죄 반국지율(染邪之罪反國之律)'을 적용, 전후 6회에 걸친 혹독한 고문을 받아 군문효수형(軍門梟首刑)을 선고하고 9월 16일 새남터에서 처형되었다. 이때 그의 나이 25세였다. 그의 시체는 교인들이 비밀리에 거두어 경기도 안성군 양성면 한강 새남터에서 25세로 순교한 후 미산리에 안장되었다.

옥중에서 정부의 요청을 받아 세계지리의 개략을 편술하였고, 영국제의 세계지도를 번역, 색도화(色圖化)해서 정부에 제출하였으며, 또한 조선 선교부와 신부들에게 보내는 편지와 교우들에게 보내는 유서를 남겼다.

한국 천주교회의 수선탁덕(首先鐸德 : 첫 번째의 성직자라는 칭호)이라 불리는 김대건의 성직자로서의 활동은 1년여의 단기간에 지나지 않았다. 그러나 이 기간에 한국인 성직자의 자질과 사목능력을 입증하여 조선 교구의 부교구장이 되었고, 투철한 신앙과 신념으로 성직자로서의 진면목을 보여주었다. 따라서 오늘날 한국 천주교회는 그를 성직자들의 대주보(大主保)로 삼고 있다. 1857년(철종8년) 교황청에 의하여 가경자(可敬者)로 선포되었으며, 1925년에는 로마교황 비오 11세에 의해 복자위(福者位)로 선포되어 시복식이 거행되어 우리나라 전성직단 대주보로 정해졌으며 1984년 성인으로 선포되었다.

### 김대건 신부님의 활동

| 연도 | 활동상황 | 비고 |
|---|---|---|
| 1821.8.21 | 김제준(이냐시오)·어머니(고 우르술라) 출생 | 충남 당진군 우강면 송산리 솔뫼 마을 |
| 1836.3.14 | 조선 최초의 신학생으로 선발됨 | |

| | | |
|---|---|---|
| 1836.12 | 신학생 서약 선서 | |
| 1837.6.6 | 중국대륙(변문·심양·마가자·서만자·장치 등 경유)을 횡단하여 마카오 도착 | 근대교육 수학 |
| 1839 | 아버지 김제준 순교(기해박해) | 서울 서소문 밖 |
| 1840.1 | 장 베르뇌 주교 문하에서 신학·철학 수학 | |
| 1844.12 | 최양업 신부와 함께 부제(副祭)로 서품됨 | |
| 1845.1 | 서북국경선을 넘어 홀로 서울에 잠입·귀국 | |
| 1845.8 | 김대건신부 사제로 서품됨 주교 페레올, 다블뤼신부와 함께 서울 입국 | 활발한 전교활동 |
| 1846.5 | 서양성직자의 잠입 해로 개척 중에 순위도(巡威島)에서 체포됨 | |
| 1846.9.16 | 순교함 | 새남터 |
| 1857 | 로마교황청에 의해 가경자(可敬者)로 선포됨 | |
| 1925 | 교황 비오11세에 의해 복자(福者)로 선포됨 | |
| 1984 | 성인으로 선포됨 | |

(2) 최양업(崔良業, 토마스) 신부님

한국인으로서는 두 번째로 사제서품을 받은 최양업 신부님(1821~1861년)은 12년 동안 한국인 신자들을 위하여 끊임없이 사목생활을 하다가 선종하였다. 1821년 3월 충청남도 청양 다락골 인근 새터교우촌에서 성 최경환 프란치스코와 순교자 이성례 마리아의 장남으로 태어났다.

    1835년 말 조선 천주교회에서 보낸 밀사들의 도움으로 입국한 모방 신부는 전국의 신앙공동체를 순회하고 다음해 부평에 있는 최경환의 집을 방문하였다. 그는 이곳에서 15살 소년의 최양업 소년을 조선의 첫 신학생으로 선발하여 1836년 2월 서울 모방 신부 집에 도착, 라틴어 수업을 시작하였으며 이어서 3월 14일 모방신부가 신학생으로 선택한 최방제 프란치스코, 7월 11일 김대건 안드레아가 각각 도착하여 함께 수학·생활하였다.

    1836년 12월, 사제가 되기 위하여 고향 산천을 떠나 동료 신학생들과 함께 마카오 유학길에 올라, 중국 대륙을 남하하여 이듬해 6월 마카오에 있는 파리 외방전교회 극동 대표부에 도착하여 그곳에 임시 설립된 신학교에서 공부를 시작하였다.

▲ **최양업 신부** 『하느님의 종 최양업 토마스 신부의 서한집』, 빅벨출판사, 2009, p.1.

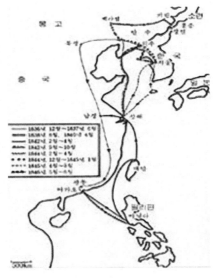

▲ **최양업·김대건의 여행로**(1836~1846) 김옥희 수녀, 『최양업 신부의 생애와 사상』, 1986, p.40.

▲ **최양업 신부의 귀국 탐색로** 전게서, p.18.

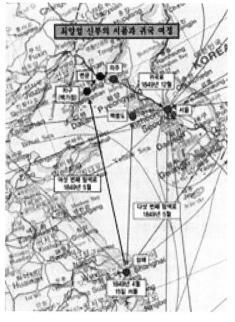

▲ **최양업 신부 서품과 귀국 여정** 전게서, p.20.

1840년경 장 베르뇌 주교 문하에서 신학·철학을 배 웠으며 1844년, 김대건 신부와 함께 부제로 서품되 었다 이어서 1847년, 프랑스함대에 편승 입국하였으나 고군산도에서 좌초되고 말았다. 그로부터 13년 뒤, 1849년 4월 상해의 강남(江南) 주교 마레스카(Maresca)주교로부터 사제 서품을 받아, 같은 해 12월 그리운 고국으로 돌아왔다.

최양업 신부는 1850년 정초부터 조선에서의 전교활동을 시작하였는데, 제일 먼저 관할하게 된 사목지역은 충청도 진천군 백곡면에 있는 동골 교우촌이었다. 이곳을 중심으로 그는 하루에도 수십 리 길을 걸어 다니면서 전국 각처에 산재해 있는 교우들을 방문하거나 혹은 미신자(未信者)들을 위하여 교리를 가르쳐야만 했다. 1856

년 3월, 제4대 조선교구장으로서 장 베르뇌 주교가 입국하자, 최양업 신부는 진천 동골 교우촌 사목의 발령을 받았다. 그리하여 경기도 안양 수리산·용인 한덕골을 비롯하여, 충청북도의 진천 배티·보은 멍에목·제천배론, 충청남도의 절골·동골·부여 도앙골·서천 산막골·불무골·금산 진밭들, 전라북도의 완주 오두재, 경상남도의 부산동래·간월·울산 죽림, 경상북도 문경 한실, 그리고 강원도의 화천 만산 등이 이르는 지역에 이르기까지 사목활동을 한 발자취가 남아있다.

그리고 이와 같은 기본적인 사목활동 이외에도 다블뤼 안 안토니오(安敦伊, Daveluy) 주교가 집대성한『한국 천주교회사』에 많은 도움을 준 것을 비롯하여 페레올 고(高, Perréol) 주교가 프랑스어로 번역한『병오일기(丙午日記)』를 라틴어로 다시 번역을 하였고, 주요 기도서 중의 하나인「공과(功課)」의 번역도 1858년에 완료함으로써 최양업신부가 적지 않은 저술활동을 한 것을 알 수 있다.

또한 한국인의 전통사상과 서민의식에 적합하게 그리스도교의 교리를 설명하여 누구나 쉽게 부를 수 있는 4·4 조의 가사체로 된 '천주가사'를 최양업 신부가 직접 저술함으로써 그리스도교 교리의 대중화에 힘쓴 그의 업적은 매우 귀중하다고 높이 평가하지 않을 수 없을 것이다.

### 최양업 신부님의 행적 및 업적

| 연도 | 활동 상황 | 비교 |
|---|---|---|
| 1821.3.1 | 성인 최경환 프란치스코와 이성례 마리아의 장남으로 출생 | 청양군 화성면 농암리 누동 |
| 1836.3.14 | 조선 최초의 신학생으로 선발됨 | |
| 1836.12.2 | 신학생 서약 선서 | |
| 1836.12.9 | 봉정 만리 출발 | |

| | | |
|---|---|---|
| 1837.6.6 | 중국대륙(변문-심양-마가자-서만자-장치 등 경유)을 횡단하여 마카오 도착 | 근대교육 수학 |
| 1840.1 | 장 베르뇌 주교 문하에서 신학·철학 수학 | |
| 1844.12 | 김대건과 함께 부제로 서품(1845.8.17 : 김대건 사제로 서품되어 귀국, 1846.9.16 : 김대건 신부 순교함) | |
| 1847.8.10 | 프랑스함대에 편승 입국, 고군산도에서 좌초됨 | 10년 만에 교우 접촉 |
| 1849.4.15 | 상해에서 마레스가 주교에게 사제로 서품 | |
| 1849.12 | 귀국(1850년 정초부터 조선 전교활동 시작) | |
| 1856.3.23 | 제4대 조선교구장 장 베르뇌 주교 입국 - 최양업신부 진천 동골 교우촌 사목 발령받음 | |
| 1857.3.25 | 다블뤼 안 안토니오 보좌주교 서품식 | |
| 1858 | 번역: 「성교공과」, 편찬사업: 「연중주요기도서」, 「사본문답」, 성서, 교리서, 신심서 등 | |
| 1861.6 | 사목상황 보고를 위해 상경 중 티푸스에 걸려 선종함 | |

## 2. 조선교구 성립과 순교기록 정리

### 1) 조선교구의 성립

#### (1) 조선교구 초대주교 브뤼기에르 주교

1825년 사제 파견을 요청하는 조선인 교우들의 편지를 받은 로마교황 레오 12세(재위 : 1823.9.28~1829.2.10)는 1827년 9월 1일 파리 외방전교회에 선교사 파견을 요청하였다. 그러나 당시 조선국의 경우 서양 외국인의 입국을 금지하였고 파리 외방전교회 역시 프랑스 혁명 때문에 회원이 10여 명밖에 되지 않고 경제적 여유도 좋지 않아 방콕의 보좌주교 브뤼기에르(Bruguiere, Barthelemy, 蘇, 1792~1835) 주교가 조선국 파견을 자원하였다.

브뤼기에르 주교는 1815년 12월 카르카손 신학교에서 사제 서품을 받고 모교에서 신학과 철학을 가르치다가, 1823년 파리 외방전교회에 입회하였다. 1831년 9월 9일 교황 그레고리오 16세(재위기간, 1831~1846년)의 명령으로 초대 조선대목(代牧)구장4)으로 임명되어 즉시 출발하여 3년이 흘러 만주에 도착하였다. 그는 조선입국을 위해 중국 대륙을 횡단하며

▲ 초대교구장 브뤼기에르주교 오류대 한국순교자박물관, 『병인년 햇불 조선왕조와 천주교』, p.62.

갖은 고난과 질병을 극복하면서 서만자(西灣子, 현 시완쯔)에 도착하였다. 그리하여 1835년 10월 19일 열하성(熱河省) 팔렬구(咽咽溝) 교우촌에 도착하여 다음날 갑자기 뇌일혈을 일으켜 그리운 조선 땅을 눈앞에 바라보며 선종하였다. 서만자에서 때를 기다리던 모방신부는 주교가 선종했다는 소식을 듣고 곧 달려가 장례를 치르고 그곳에 묻었다. 그러나 그의 개척한 길을 따라 모방 신부와 샤스탕 신부 등이 조선입국에 성공함으로써 한국 천주교회는 독립된 교회로 성장할 수 있었다. 그 후 1931년, 파리 외방전교회의 '조선전교 100주년'을 맞이하여 브뤼기에르 주교의 유해를 서울로 모시고 와 10월 15일 용산의 성직자묘지에 이장하였다.

---

4) 대목구는 정식교계제도가 설정되지 않은 지역의 교구로서 교황청에서 직접 관할하는 교구를 일컫는다.

## (2) 조선교구 제2대 앵베르 주교

1836년에 모방(Maubant, Pierre Philibert 羅伯多
祿 베드로, 1803~1839.9.21)신부5), 1837년에는
제2대 조선대목구의 앵베르 범 라우렌시오
(Imbert, Laurent Joseph Marie 한국이름 범세형 范世
亨, 1797.4.15.~1839.9.21, 프랑스출신) 주교6)와
샤스탕(Chastan, Jacques Honore 한국이름 정아각백
鄭牙各伯, 1803~1839. 9. 21) 신부7)가 입국하였
다. 앵베르 주교는 파리 외방전교회의 본래

▲ 제2대교구장 앵베르 범 라우
렌시오 주교 전게서, p.89.

---

5) 인 모방 신부는 파리 외방전교회 회원으로서 최초로 조선에 입국한 선교사이다.
   1829년 5월 13일 사제품을 받고 교구 사제로 사목하다가 파리 외방전교회에 입회
   하였다. 1831년 3월 중국 선교사로 임명되어 마카오로 떠나는 도중에 브뤼기에르
   주교를 만나 조선 선교사로 자원하였다. 1835년 10월 20일 조선 입국을 목전에 두
   고 브뤼기에르 주교가 병사하자 이미 그로부터 부주교로 임명되어 필요한 모든
   권한을 위임받았던 모방 신부는 브뤼기에르 주교가 준비한 길을 따라 1836년 초
   조선 국경에서 신자들을 만나 입국하였다. 기해박해로 앵베르 주교, 샤스탕 신부
   와 함께 1839년 9월 21일 한강 새남터에서 군문효수형을 받아 순교하였다. 1925
   년 7월 5일 로마 성 베드로 성당에서 비오 11세 교황에 의해 시복되었으며 1984년
   5월 6일 서울 여의도광장에서 한국 천주교 200주년을 기념하기 위해 방한한 요한
   바오로 2세 교황에 의해 성인 반열에 올랐다.
6) 성인 앵베르 주교는 프랑스 외방전교회 선교사로서 조선대목구 제 2대 대목구장
   이다. 1819년 12월 18일 파리 외방전교회에서 사제서품을 받고 이어 중국 선교사
   로 임명되었다. 1820년 3월 20일 고국을 떠나 중국 사천 교구에서 전교활동을 하
   다가 브뤼기에르 주교가 조선 입국을 앞두고 갑자기 선종하자, 교황청에서 제2
   대 대목구장으로 임명하였다. 1837년 5월 14일 카프사의 명의 주교로서 조선대목
   구의 주교로 서품되어 1837년 12월 조선 입국에 성공하였다. 이로써 그는 조선 땅
   을 처음 밟은 주교가 되었고, 조선 대목구는 대목구 설정 6년 만에 그리고 한국
   천주교회 창설 53년 만에 비로서 모든 조직을 갖추게 되었다. 1925년 7월 5일 로
   마 성 베드로 성당에서 비오 11세 교황에 의해 시복되었으며 1984년 5월 6일 서울
   여의도 광장에서 한국 천주교 200주년을 기념하기 위해 방한한 요한 바오로 2세
   교황에 의해 성인 반열에 올랐다.

목적에 따라 바로 3
명의 소년을 선발하
여 마카오에 보내 사
제 교육을 받게 하여
드디어 한반도에도
1845년 최초의 한국
인 사제 김대건 신부
가 배출되었다. 제2
대 조선교구장으로
임명된 앵베르 주교

▲ 성 모방 나 베드로 신부    ▲ 성 샤스탕 정 야고보 신부
전게서 p.89.

를 비롯하여 모방 신부와 샤스탕 신부가 기

해박해(1839년)로 체포·순교하게 되는데 그 체포되기 몇 개월 전부터, 천
주교 신자들(후일 기해박해로 순교하게 됨)에 대한 자료조사와 함께, 정하
상 바오로와 현경련 베네딕타, 이문우 요한, 현석문 가롤로, 최영수 필
리보 등에게 순교사적의 정리를 맡겼다. 이 결과 만들어진 것이 '기해
일기'이며 1845년 초 조선에 일시 귀국한 김대건 안드레아 부제는 이를
라틴어로 번역하여 '조선 순교자들에 관한 보고서'를 작성하여 마카오
의 리브와 신부에게 보냈다.[7]

---

7) 성인 샤스탕 신부는 프랑스 외방전교회 선교사로서 모방 신부에 이어 조선에 두
  번째로 입국한 선교사이다. 1827년 1월 다뉴 대신학교에서 사제서품을 받고 1828
  년 1월 13일 파리 외방전교회에 입회하였다. 1828년 4월 22일 마카오에 도착하여
  페낭 신학교에서 교수로 일하다가 브뤼기에르 주교가 조선대목구장으로 임명되
  어 조선으로 떠나게 되자 평소에 원했던 조선으로 함께 동행하기를 주교에게 청
  하였다. 서울에 머무르면서 조선어를 공부하고 성사를 집전하고 신자들을 찾아
  보려고 상복을 입고 험한 산골을 다니며 전교에 전념하다가 기해박해로 1839년 9
  월 21일 한강 새남터에서 앵베르 주교, 모방 신부와 함께 군문효수형을 받아 순
  교하였다. 1925년 7월 5일 로마성 베드로 성당에서 비오 11세 교황에 의해 시복되

## (3) 조선교구 제3대 페레올 주교

조선대목구 제3대 교구장으로서 임명된 페레올 주교(Ferreol, Jean Joseph 高, 1808~1853.2.3, 프랑스 출신)는 파리 외방전교회에 입회하여 1838년 사제서품을 받고 1839년 5월 초에 조선선교사로 파견되어 1840년 1월 23일 마카오에 도착, 다시 배를 타고 중국에 상륙하여 서만자에 도착하였다. 조선에 입국하려고 만주 봉천까지 갔으나 요동 지방 신자들의 방해로 여의치 않았고 다시 양부로 가서 시도하였으나 역시 요동지방 신자들의 방해로 조선 입국을 할 수 없었다. 그러다가 1838년 8월 14일자로 벨리나(Bellina)의 명의주교로서 계승권을 가진 조선대목구 보좌 주교로 임명되어 1843년 12월 31일 만주교구의 베롤(Verrolles) 주교로부터 서품을 받았다. 이와같이 여러 차례 조선 입국에 시도하였으나 사정이 여의치 않았으므로 때마침 그를 찾아온 김대건 신부를 먼저 입국시키고 자신은 마카오로 되돌아갔다. 갖은 고생

▲ 제3대교구장 페레올 주교
전게서, p.96.

끝에 조선 입국에 성공한 김대건 신부가 주교와의 약속대로 배를 구입하여 상해로 다시 돌아와 주교에게 연락을 취했다. 주교는 마침 프랑스에서 새로 파견되어 온 다블뤼 신부(Marie-Nicolas-Antoine Daveluy, 1818~1866, 프랑스 출신)를 거느리고 상해로 달려와 배를 탔으나 험한 파도로 인하여 제주도에 표착하였다가 드디어 충청도 강경의 황산포에 도착하였다. 그가 조선입국을 시도한지 6년 만인 1845년

---

있었으며 1984년 5월 6일 서울 여의도 광장에서 한국 천주교 200주년을 기념하기 위해 방한한 요한 바오로 2세 교황에 의해 성인 반열에 올랐다.

10월 12일의 일이었다. 페레올 주교는 바로 서울로 올라와 전교활동을 전개했으나 얼마 안 있어 병오박해로 그가 신품을 주었던 김대건 신부를 병오박해로(1846년) 잃는 아픔을 겪게 되었다. 그런 가운데 거듭된 박해와 1만여 명의 신자를 돌보아야 하는 과중된 업무로 점차 건강이 쇠약해져 1853년 2월 3일 선종하였다. 조선에 입국하여 8년 동안 한국 천주교회를 돌보던 주교의 유해는 4월 12일 안성 미리내에 있는 김대건 신부 무덤 옆에 묻혔다.

한편 1847년 페레올 주교는 병오박해(1846년, 헌종 12) 순교자들의 기록을 포함한 프랑스어본『증보판 기해일기』를 완성하여 홍콩의 파리 외방전교회 극동 대표부로 보냈다. 이 기록을 1847년, 최양업 토마스 부제가 라틴어로 번역하였는데, 바로『기해·병오박해 순교자들의 행적』이다. 이 행적은 1847년 10월 15일 교황청 예부성성(현 시성성)에 제출되어 시복 소송절차가 공식적으로 시작되었다.


(4) 조선교구 제4대 베르뇌 주교

페레올 주교의 사망 후 3년 만에 베르뇌 주교(Berneux, Simeon Francois, 한국이름 장경일 張敬一, 1814~1866.3.7, 프랑스)가[8] 조선교구 제4대 주교로 입

---

8) 성인 베르뇌 주교는 프랑스 파리 외방전교회 선교사로서 조선대목구 제4대 대목구장이다. 르망 대신학교에서 1837년 5월 20일 사제서품을 받고 모교에서 철학교수로 재직하다가 1839년 파리 외방전교회에 입회하였다. 1841년 베트남의 통킹에서 전교 활동을 하다가 사형선고를 받아 2년 동안 감옥에 갇혀 있다가 프랑스 함장의 도움으로 구조되었다. 그 뒤 중국 만주 교구에서 12년 동안 전교하였고, 1854년 12월 27일 만주 교구 보좌주교로 임명되었다. 그 이전에 제3대 조선대목구장 페레올 주교는 유언장(1845년 7월 15일 작성)을 통해 베르뇌 주교를 계승권을 가진 보좌주교로 지명하였다. 이에 따라 교황청에서는 1854년 8월 5일자 교황칙서를 통해 베르뇌 주교를 제4대 조선대목구장으로 임명하는 동시에 조선 부임을 명령하였다. 이에 1855년 상해에서 푸르티에 신부, 프티니콜라 신부와 합류하

국, 서울로 들어와 5명의 신부를 거느리고 비교적 평온한 속에 전교활동을 전개하게 되었다. 그는 조선말을 배우고 약 8개월 동안 경기도 지방으로 전교활동을 다니는 등 대단한 정열을 보였다. 그리고 배론

▲ 성 베르뇌 장 시메온 주교

▲ 베르뇌 주교 애용의 십자가

에 학당을 세워 신학생을 양성했으며 다블뤼 신부를 부주교로 임명하고(후일 조선교구 제5대 주교로 임명됨) 출판업에도 착수하여 그 뒤 병인박해(1866년)로 순교하기까지 10년 동안(1856~1866) 조선 교회의 발전을 위해 헌신적으로 노력하여 눈부신 활동을 하였다. 이에 신자들의 숫자도 매우 많이 늘어났다. 1855년 충북 배론[舟論]에 성 요셉 신학교를 세우고, 다블뤼 주교와 최양업 신부에게 기도서와 교리 교육을 위한 책을 저술하도록 하고 서울에 2개의 인쇄소를 차리는 등 조선 교회의 교세 확장에 크게 공헌하였다.

_____

여, 1856년 홍봉주를 만나 조선에 입국하였다. 그리고 1857년 3월 25일 다블뤼 주교를 보좌주교로 임명하고 주교 성성식 다음날인 3월 26일부터 조선대목구 최초의 성직자 회의를 개최하였다. 병인박해가 일어나자 1866년 2월 23일 체포되어 3월 7일 새남터에서 브르트니에르 신부, 도리 신부, 볼리외 신부와 함께 군문효수형을 받아 순교하였다. 1968년 10월 6일 로마 성 베드로 성당에서 바오로 6세 교황에 의해 시복되었으며 1984년 5월 6일 서울 여의도 광장에서 한국 천주교 200주년을 기념하기 위해 방한한 요한 바오로 2세 교황에 의해 성인 반열에 올랐다.

▲ 성 **브르트니에르 신부** 전게서, p.137.

성 브르트니에르 백 유스토(Breteniers, Simon Marie Antoine Just Ranfer de, 1838~1866.3.7, 새남터에서 순교함)는 1838년 2월 28일 프랑스에서 출생하였고 파리 외방전교회 소속 선교사로서 1861년 파리 외방전교회에 입회하여 1864년 5월 21일 사제로 서품을 받음과 동시에 조선 선교사로 임명되었다. 1865년 5월 27일 도리, 볼리외, 위앵 신부와 함께 조선에 입국하였다. 입국 후 서울의 전교 회장 정의배(鄭義培, 마르코)의 집에 머무르면서 한국어를 익혔으며, 그러나 본격적인 선교활동을 시작하기도 전에 병인박해가 일어났다. 병인박해가 일어났을 때에도 그의 집에 은신해 있었다. 1866년 2월 26일 체포되어 여러 차례의 신문 끝에 3월 7일 새남터에서 베르뇌 주교, 도리 신부, 볼리외신부 등과 함께 군문효수형으로 순교하였다. 5월 27일 왜고개에 매장되었다가 1899년 10월 30일에 발굴되어 용산 예수성심신학교에 안장되었다. 그의 유해는 1900년 9월 4일에는 명동성당으로 옮겼다가, 가족들의 요청으로 1911년 9월에 프랑스 다종으로 이장되었다. 1968년 10월 6일 복자위에 올랐고, 1984년 5월 6일에 교황 요한 바오로 2세에 의해 시성되었다.

성 도리 김 헨리코(Dorie, Pierre Henri 金, 1839~1866.3.7, 새남터에서 순교함) 신부는 1862년 파리 외방전교회에 입회하여 1864년 5월 21일 사제 서품을 받고 조선 선교사로 임명되었다. 1865년 5월 브르트니에르 신부,

▲ **성 도리 신부** 전게서, p.136.

볼리외 신부, 위앵 신부와 함께 조선에 입국하였다. 경기도 용인의 손골[孫谷里]로 배속되어 선교하다가 병인박해가 일어나 1866년 2월 27일 체포되어 3월 7일 새남터에서 베르뇌 주교, 브르트니에르 신부, 볼리외 신부 등과 함께 군문효수형을 받고 순교하였다. 1968년 10월 6일 로마 성베드로 대성당에서 바오로 6세 교황에 의해 시복되었으며 1984년 5월 6일 서울 여의도 광장에서 한국 천주교 200주년을 기념하기 위해 방한한 요한 바오로 2세 교황에 의해 성인 반열에 올랐다.

▲ **성 볼리외 신부** 전게서, p.136.

**성 볼리외 서 루도비코**(Beaulieu, Bernard Louis, 한국이름 서몰례 徐沒禮, 1840~1866. 3.7, 새남터에서 순교함) 신부는 파리 외방전교회 소속 선교사이다. 프랑스 보르도 교구의 랑공에서 베르나르와 마리데지레(Marie-Désirée)의 장남으로 태어나 1857년 보르도 대신학교에 입학하였으며, 이곳에서 5년간 공부한 뒤 부제품을 받고, 1863년 8월 28일에 파리 외방전교회 신학교에 들어가 이듬해

5월 21일 사제로 서품되었다. 그 후 브르트니에르 신부, 도리 신부, 위앵 신부 등과 함께 조선 선교사로 임명되어 1864년 7월 15일 파리를 출발하여 마르세유, 홍콩, 상해를 거쳐 11월에 만주에 도착하였다. 만주에서 조선 입국을 기다리는 동안 한문을 배우면서 겨울을 보낸 그는 1865년 4월 17일 동료 신부들과 함께 그곳을 출발하여 백령도 인근에서 베르뇌 주교가 보낸 김백심(金伯心, 베드로)의 배로 옮겨 타고 5월 27일 내포(內浦) 지방에 상륙하여 다블뤼 주교를 만났다. 이어 서울로 올라온 그는 태평동(太平洞)의 베르뇌 주교 댁에서 잠시 머무른 후 주교의 명에 따라 뫼논리(현 경기도 성남시 운중동) 교우 촌으로 가서 그곳 신자들에게 성사를 주면서 조선어를 익혔다. 이때 그의 동료인 도리 신부가 그 이웃인 손골(현 경기도 용인군 수지면) 교우촌에서 조선어를 배우고 있었으므로 그들은 자주 연락하면서 서로 의지하였다. 조선어 공부를 마치고 그는 1866년 2월 12일 상경하여 베르뇌 주교로부터 새 임지를 부여받았으나, 출발 직전에 병인박해(丙寅迫害)가 일어나 베르뇌 주교가 체포되고 자신도 베르뇌 주교의 하인으로 있던 배교자 이선이(李先伊)의 밀고로 인해 포졸들에 의해 체포되었고, 이어 손골에 있던 도리 신부도 체포되어 함께 서울로 압송되었다. 그런 다음 사형 판결을 받고서 1866년 3월 7일 베르뇌 주교, 브르트니에르 신부, 도리 신부 등과 함께 새남터 형장으로 끌려가 참수되어 순교하였다. 1876년부터 한국 천주교회에서 추진한 병인박해 순교자들의 시복 추진 결과 볼리외 신부는 23명의 병인박해 동료 순교자들과 함께 1968년 10월 6일 로마 성베드로 대성당에서 바오로 6세 교황에 의해 시복되었으며 1984년 5월 6일 서울 여의도 광장에서 한국 천주교 200주년을 기념하기 위해 방한한 요한 바오로 2세 교황에 의해 성인 반열에 올랐다.

**성 위앵 민 루카**(Huin, Martin Lue 閔, 1836~1866.3.30 갈매못에서 순교) 신부는 파리 외방전교회 소속 선교사이다. 프랑스 기용벨에서 태어났다. 1861년에 랑그르 교구 소속 대신 학교를 졸업하고 사제로 서품되어 2년 동안 보좌 신부로 있다가 1863년 파리 외방전교회에 입회했다. 이듬해(1864년) 조선 선교사로 임명되어 브르트니에르 신부, 도리 신부, 볼리외 신부와 함께 1865년 5월 27일 조선에 입국하였다. 다블뤼 주교에게 조선어를 배운 후 충청도 지선

▲ **성 위앵 신부** 전게서, p.137.

선교사로 임명되어 도리 신부, 볼리외 신부와 함께 중국을 거쳐 1865년 5월 27일 충청도 지방에서 선교하던 중, 1866년 병인박해가 일어나 3월 11일 다블뤼 주교가 체포되자 오메트르 신부와 함께 자수하였다. 그해 3월 30일 충청도 보령 갈매못(일명 고마수영)에서 다블뤼 주교와 오메르트 신부 그리고 장주기(張周基 요셉, 1803~1866), 황석두(黃錫斗 루카, 1813~1866)와 함께 군문효수형을 받고 순교하였다. 1968년 10월 6일 로마 성 베드로 대성당에서 바오로 6세 교황에 의해 시복되었으며 1984년 5월 6일 서울 여의도광장에서 한국 천주교 200주년을 기념하기 위해 방한한 요한 바오로 2세 교황에 의해 성인 반열에 올랐다.

▲ **성 오메트르 오 베드로** 전게서, p.137.

**성 오메트르 오 베드로**(Aumaître, Pierre 吳, 1837~1866.3.30, 갈매못에서 순교) 신부는 파리 외방전교회 소속 선교사이다. 1837년 프랑스 앙굴렘교구의 에제크 마을에서 태어났다. 그는 성실한 학생이었으나 학업 성적이 뛰어나지는 못하였다. 그가 소신학교에 입학하려 할 때 본당 신부는 그의 성적을 보고는 입학을 반대할 정도였다. 결국 어렵사리 소신학교에 입학한 그는 오로지 노력으로 능력의 부족함을 극복했고 나중에는 우등생이 되었다. 그는 1857년 앙굴렘 대신학교에서 수학하는 동안 전교사제로서의 삶을 동경하게 됐다. 당시 전교지로 떠나는 것이 죽음을 무릅쓰는 일임을 잘 알고 있던 그의 부모는 아들을 만류하였지만, 그는 결국 전교 사제의 꿈을 실현하고자 파리 외방전교회 신학교에서 1862년 사제품을 받고, 이어 조선 선교사로 임명되어 1863년 조선에 입국하였다. 하지만 당시 조선은 박해로 인해 입국이 쉽지 않았다. 그는 지루한 여행 끝에 중국에 도착할 수 있었고, 중국 어선으로 연평 바다를 거쳐 1863년 6월 조선 땅을 밟게 된다. 조선에 입국한 오메트르 신부는 베르뇌 주교와 함께 서울에서 지낸 후, 용인의 손골로 내려가 조선말을 익혔다. 그 후 경기도의 한 구역을 맡아 선교사로서의 삶을 시작했다. 그가 조선에 입국한 지 2년 남짓 지났을 때 다시 박해가 시작되었고, 베르뇌 주교가 체포되었다는 소식이 전해졌다. 수원의 샘골[泉谷里]이란 곳에 머물고 있던 오메트르 신부는 다블뤼 주교가 전교하고 있던 충청도 지방으로 내려가 신리 마을로 갔다. 그는 두려움에 떨고 있는 교우들을 우선 진정시키고 격려하면서, 미사 예절용 물건들을 모두 감추게 했다. 자신이 체포된 후에 교우들이 환란을 당할까 미리 조치를 취한 것이다. 그가 순교를 각오하고 다블뤼 주교와 함께 하고자 신리에 도착했을 때, 다블뤼 주교를 체포하려고 온 포졸들에게 붙잡혔다. 1866년 3월 30일 충남 보령 갈매못(일명 고마수영)에서 다블뤼 주교, 위앵 신부, 장주기, 황석두와 함께 군문효수형을 받고 순교하였다. 1968년 10월 6일 로마 성베드로 대성당에서 바오로 6세 교황에 의해 시복되었으며 1984년 5월 6일 서울 여의도 광장에서 한국 천주교 200주년을 기념하기 위해 방한한 요한 바오로 2세 교황에 의해 성인 반열에 올랐다.

### (5) 조선교구 제5대 다블뤼 주교

다블뤼 주교(Daveluy, Marie Antoine Nicolas, 한국이름 안돈이安敦伊, 1818~1866. 3.30, 갈매못에서 순교)는[9] 1844년 9월 마카오에서 페레올 주교를 만나 조선 선교사로 임명되어 함께 충청도 강경의 황산포로 입국하였다. 강경에서 조선어를 배워 선교하던 중 서양인 성직자의 입국이 알려지자 외딴곳으로 숨어다니며 활동하였다. 1846년부터 조선에서 목회활동을 시작하여 2년만에 1700명에게 세례를 주었다. 그의 건강이 점차 악화되었으나, 아픈 와중에서도 라틴어를 가르치고, 한불사전과 여러 천주교 서적을 집필하였다. 제5대 조선교구장이 된 다블뤼 주교는 1858~1859년에 『한국 주요 순교자 약전』을 작성하면서 1785년부터 1846년 사이의 순교자 210명

▲ 성 다블뤼 안 안토니오 주교 전게서, p.136.

9) 파리 외방전교회 소속 선교사로서 조선대목구 제5대 대목구장이다. 프랑스 아미앙에서 태어나 이시(ISSY)와 생슐피스(SAINT-SULPICE) 소신학교를 거쳐 1841년 사제 서품을 받고 1년 반 이상 교구사제로 활약한 뒤 1843년 외방전교회에 입회하였다. 1845년 10월 조선에 입국하여 선교사로 활약, 당시 가장 오랫동안 조선에서 활동한 선교사가 되었으며 조선의 언어와 풍습에도 능통하였다. 1853년 그와 함께 입국한 페레올 주교를 잃었으나 슬픔을 딛고 일어서서 전교에 더욱 힘을 쏟았으며 틈틈이 한불사전을 편찬하였다. 또 조선사연표를 번역하고 교우들을 위해 교리서와 신심서를 번역, 저술하였다. 1857년 3월 25일에는 베르뇌주교로부터 보좌주교로 선출되어 서울에서 아콘(ACONES) 명의주교로 성성되었다. 병인박해가 일어나 3월 11일 체포되어 3월 30일 갈매못(일명 고마수영)에서 참수형을 받고 순교하였다. 1968년 10월 6일 로마 성베드로 대성당에서 바오로 6세 교황에 의해 시복되었으며 1984년 5월 6일 서울 여의도 광장에서 한국 천주교 200주년을 기념하기 위해 방한한 요한 바오로 2세 교황에 의해 성인 반열에 올랐다.

을 선정하였다. 또한 자료 수집과정 중에 이기경의 '벽위편', '이순이 루
갈다와 이경도의 옥중 서한'을 발견하였으며, 이후 계속되는 자료 수집
으로 1860년까지『조선사 서설』,『조선 순교사』를 집필·완성하였다. 가
장 큰 업적은『조선 천주교회사』와『조선 순교사』의 편찬으로 1857년
부터 순교자 관련 자료를 발굴하여 번역하고 목격 증인의 증언을 수집
하여 파리 본부로 보냈다. 이것을 바탕으로 달레(Dallet)의『한국 천주교
회사』가 저술되었다.

그러나 1866년 병인박해로 베르뇌 주교를 비롯해 다블뤼 주교, 서양
인 신부 총 9명이 처형당하고 많은 내국인 신자들도 체포당하여 순교
하였다. 1867년부터 1868년 초까지 도처에서 많은 천주교 신자들이 체
포당하여 순교하였다.


### (6) 조선교구 제6대 리델주교

병인박해로 주교와 여러 성직자를 잃은 조선대목구의 사정을 알리
고, 성직자를 청하기 위해 리델 신부는 페롱 신부, 칼레 신부와 의논하
여 자신이 그 임무를 맡고 중국으로 탈출하였다. 중국으로 탈출하였던
칼레 신부(Calais Alphonse, 姜, 1833~1884, 아돌프, 프랑스출신)[10]와 리델 신부
(Ridel, Félix Clair, 1830~1884, 한국이름 이복명 李福明)는 다시 조선에 잠입하려

---

10) 파리 외방전교회 소속 선교사로서 1860년 7월 5일 사제 서품을 받고 이듬해 4월
7일 한국에 입국, 1866년까지 5년 동안 경상도의 서부 지역에서 전교 활동을 벌
였다. 1866년 병인박해로 여러 차례 위험을 넘기고 산속에 피신해있다가 이 해
10월 페롱 신부와 함께 한국을 탈출, 중국으로 피신하였고, 이듬해부터 여러 번
한국 입국을 시도하였으나 실패하였다. 병인박해 때 얻은 병이 악화되어 부득이
프랑스로 귀국하였다. 1869년 4월 시토회 수도자가 되어 모백(Maubec) 수도원에
서 한국 교회를 위해 기도하며 일생을 마쳤는데, 그 당시 전교 하면서 쓴 선교 체
험기가 귀중한 자료로써 남아있다. 그의 선교 체험기 중에서 순교자 박상근 마
티아와의 우정을 기록한 글이 있다.

▲ **리델 주교** 전게서, p.145.      ▲ **칼레 신부** 전게서, p.142.

고 하였으나 여의치 않았다. 그리하여 리델 신부는 새로이 조선대목구에 배속된 여러 신부들과 함께 일본과 만주 등 여러 곳을 다니며 다시 조선에 들어올 수 있는 길을 찾았다. 이에 리델 신부는 칼레 신부, 새로 조선 선교사로 임명된 블랑 신부(Marie Jean Gustave Blanc, 1844~1890, 한국이름 백규삼 白圭三, 프랑스출신)와 함께 1868년 말부터 만주 태장하(太莊河) 인근에 있는 챠쿠에 머물면서 조선 입국을 계획하던 중 1869년 6월 25일 조선대목구 제6대 대목구장으로 임명되었다. 1866년에 제4대·5대 교구장을 잃었던 조선 교회가 4년 만에 새로운 주교를 맞이하게 되었다.

조선 입국을 기다리고 있던 리델 주교는[11] 1870년 초 로마에 가서 6

---

11) 파리 외방전교회 선교사로서 조선대목구 제6대 대목구장이다. 1857년 12월 사제품을 받고 교구 사제로 사목하다가 1859년 파리 외방전교회에 입회하였다. 1860년 7월 27일 조국을 떠나 1861년 3월 31일 조선에 입국하였다. 베르뇌 주교와 다블뤼 보좌주교를 만난 뒤 곧 충청도 공주의 진밧 지방을 맡아 전교활동을 하였다. 그러다가 병인박해가 일어나 두 명의 주교와 다섯 명의 동료 신부를 잃게 되었으나, 리델신부는 피신하여 체포를 면할 수가 있었다.

월 5일 주교 성성식을 마치고 제1차 바티칸 공의회에 참석한 뒤, 1871년 7월 다시 상해로 돌아왔다. 그리고 『한불자전』과 『교리문답』 책을 편찬하는데 전념하는 한편, 1876년 5월 8일 블랑 신부와 드게트 신부(Victor Marie Deguette, 1848~ ?, 한국이름 최진승 崔鎭勝)를 황해도로 입국시킴으로서 드디어 10년 만에 조선 천주교 신자들은 새로 두 명의 신부를 맞이하게 되었다. 나아가 리델주교도 다시 조선 입국을 시도한 끝에 1877년 9월 23일, 두세(Doucet Camille-Eugene, 한국이름 정가미 丁加彌, 1853~1917, 프랑스 출신) 신부와 로베르(Achille Paul Robert, 한국이름 김보록, 1853~1922년, 프랑스 출신) 신부와 함께 황해도로 입국하였다. 조선을 떠난 지 11년 만이며, 주교로 임명된지 8년 만에 서울로 돌아온 리델 주교는 감시의 눈을 피해가면서 전교에 전념하였다. 이듬해 10월 조선대목구의 상황을 알리기 위해 한 신자에게 편지를 주어 만주로 가서 코스트 신부나 뮈텔 신부에게 전하도록 하였으나 발각되어 자신의 입국 사실이 탄로 나는 바람에, 1878년 1월 28일 체포되어 5개월 동안 옥에 갇혔다. 그러나 북경 주재 프랑스 공사의 교섭과 중국 정부의 주선으로 6월 5일 풀려나, 7월 12일 만주로 추방되었다. 1879년 5월 16일 드게트 신부도 체포되어 9월 7일 중국으로 추방되었다.

리델 주교의 추방은 일단 조선에서의 성직자에 대한 생명의 위협이 사라진 것을 의미했다. 리델 주교의 추방으로 2년 전에 부주교로 임명된 블랑 신부(Marie Jean Gustave Blanc, 1844~1890, 한국이름 백규삼 白圭三)가 조선 교회 행정을 맡아 보았다. 그리하여 1880년 뮈텔 신부(Gustave-Charles-Marie Mutel, 1854~1933, 재입기간 1890~1933, 프랑스 출신)와 리우빌 신부(Lucien Nicolas Anatole Liouville, 1855~1898, 한국이름 유달영 柳達榮, 프랑스 출신)가 새로 조선에 입국함으로써 조선에는 다섯 명의 서양인 신부(블랑 신부, 두세 신부, 로베르 신부, 뮈텔신부, 리우빌 신부)가 남게 되었다.

리델 주교는 그동안 코스트 신부에게 맡겼던『한불자전韓佛字典』과 『한어문전漢語文典』이 완성되어 일본 요코하마에서 1880년과 1881년에 발행하였으며, 1881년 11월 고향인 반느(Bannes)로 돌아가 1884년 6월 20일 54세로 선종하였다.

### (7) 조선교구 제7대 블랑 주교

병인박해(1866년)로 중단된 시복자료 조사와 정리 작업은 1876년부터 재개되었다. 즉 1876년부터 병인박해 순교자에 대한 예비 조사를 실시했으나 아직 박해가 계속되고 있었으므로 병인박해에 대한 본격적인 조사는 1880년 뮈텔 신부의 조선 입국 이후에 이루어졌다. 뮈텔 신부는『기해일기』의 전사본과『상재상서』, 천주가사인 민극가의『삼세대의』와 이문우의『옥중제성』등을 예부성성으로 보낼 수 있게 되었다.

그리고 블랑 부주교가 1882년에 보령 순교자들의 유해를 홍산 남포 서덜 골에서 발굴하였으며, 조미수호통상조약(1882년, 고종 19) 체결로 천주교 탄압이 완화된 1884년 6월, 주교로 승품되면서 제7대 조선교구장에 임명되어 재입국하였다. 부임 초 신부양성을 위하여 21명의 조선 학생들을 남양의 비낭섬[島] 신학교(神學校)에 파견하였으며, 성서보급을 위하여 출판사도 설립하였다. 한편 1886년 한불조약(韓佛條約)이 체결되고, 종교의 자유가 확보되면서 조

▲ **블랑 주교** 천주교 부산교구 범일성당,『125년의 역사 속으로(1889–2014)』, 2014, p.29.

선교구가 꾸준히 교세를 확대시킬 수 있었던 계기가 마련되었다. 그리하여 1890년 조선에는 22명의 프랑스 신부와 7개소의 성당, 1만 7500여 명의 신자가 있게 되었다. 비록 이후에도 '교안(敎案)'이라는 교회와 일반사회의 갈등, 경술국치 이후 일제의 탄압 등이 있었지만, 박해기간처럼 교구 성장의 바탕을 무너뜨리지는 못하였다.

### (8) 조선교구 제8대 뮈텔주교

1890년 제8대 조선 교구장으로 임명된 뮈텔 주교는 1894년에 황사영의 「백서」 원본을 발견하였으며, 1895년에 시복 수속 담당자 르 장드르(Le Gendre, 1862~1928, 한국명 최창근 崔昌根, 프랑스) 신부로 하여금 『치명일기(致命日記)』를 간행하도록 하였는데 이때 모두 877명의 순교자가 수록되었다. 그 결과 조선 교구는 1911년에 총 신자수가 8만여 명에 달하여 당시 제8대 교구장이었던 뮈텔(Mutel, Gustave, 한국이름 민덕효 閔德孝, 1890~1933) 주교에 의하여 교구분할이 추진되었다.

한편 순교기록 정리는 1923년에 『병인박해 순교자 증언록』, 1925년에는 『병인박해 치명사적』이 편찬되어 그 중에 24명의 순교자가 시복 대상자로 확정되었다. 24위 순교자(베르뇌 주교, 다블뤼 주교, 브르트니에르 신부, 도리 신부, 볼리외 신부, 위앵 신부, 오메트르 신부, 남종삼, 전장운, 최형, 정의배, 우세영, 황석두, 손자선, 정문호, 조화서, 손선지, 이명서, 한원서, 정

▲ **뮈텔 주교** 천주교 부산교구 범일 성당, 『125년의 역사 속으로(1889~2014)』, 2014, p.29.

원지, 조윤호, 이윤일 등)는 1921~26년 교황청 수속이 시작되어 이후 1968년 7월 4일 어전회의에서 기적 면제를 받고, 10월 6일 로마 성 베드로 대성전에서 시복식을 거쳐 복자위에 오르게 되었으며 1984년 5월 6일 서울 여의도 광장에서 교황 요한 바오로 2세에 의해 성인으로 시성되었다.

### 조선대교구 역대 주교(1945년 광복전후까지)

| | 생몰 연도 | 주교 이름 | 비고 |
|---|---|---|---|
| 1 | ?—1835 | 브뤼기에르 | 만주 마가자에서 사망(1835.10) |
| 2 | 1796—1839 | 앵베르 | 기해박해(1839년)로 순교 |
| 3 | 1808—1853 | 페레올 | 과로병사(1853.2) |
| 4 | 1814—1866 | 베르뇌 | 병인박해(1866년)로 순교 |
| 5 | 1818—1866 | 다블뤼 | 병인박해(1866년)로 순교 |
| 6 | 1830—1884 | 리델 | 중국으로 추방당함(1878.6.) |
| 7 | 1844—1890 | 블랑 | 조선인 신부 양성, 교구 확장 |
| 8 | 1854—1933 | 뮈텔 | 『치명일기』 간행, 교구 분할 추진됨 |
| 9 | 1883—1974 | 라르보 하드리아노(Adrien Joseph Larribeau) | 한국명 원형근(元亨根) 1942년 퇴임 후 은퇴, 1958년 대전교구 초대교구장 역임 |
| 10 | 1901—1984 | 노기남(盧基南) 바오로 대주교 | 최초의 한국인 주교, 초대 서울교구장(1962년) |

## 2) 조선교구의 확대

1911년 4월 8일, 교황청의 허락으로 대구교구가 분리, 신설되었다. 이 때 조선 교구는 경상도·전라도 이외의 지역을 담당하는 서울교구로 명칭이 변경되었다. 이후 한국 가톨릭교회는 교세확대와 함께 새 교구들이 차차 신설되기에 이르렀다. 우선, 1909년 서울에 진출하여 교육활동을 전개하던 독일 베네딕트회(분도회 芬道會)가 1920년 8월 5일 원산교구를 설립하여 함경도 지역과 간도(間島) 일대를 담당하였다.

그리고 1928년 7월 1일 연길지목구(延吉知牧區)와 의란지목구(衣蘭知牧區)가 분할되었다. 그러나 이 두 지목구들은 1946년 4월 11일자로 중국 봉천관구(奉天管區) 소속이 되었다. 원산교구의 함경도지역은 1940년 1월 12일에 함흥교구와 덕원면속구(德源免屬區)로 분리되었으며, 덕원은 대수도원장이 관할하는 면속구(abbatianullius)로서 계속 베네딕트회(지금의 성 베네딕트회 왜관 수도원)에서 담당하게 되었다.

이러한 조처가 있는 동안 한국교회 안에서는 1927년 3월 17일 평양지목구(1939년 7월 11일 대목구로 승격)가 설정됨과 동시에 미국 메리놀 외방전교회에 위임되었고, 1937년 4월 13일 설정된 광주지목구(1957년 11월 21일 대목구로 승격)와 1939년 4월 25일 설정된 춘천지목구(1955년 9월 20일 대목구로 승격)는 아일랜드 골롬바노 외방전교회에 위임되었다.

뿐만 아니라 1937년 4월 13일에는 한국인 성직자가 맡게 된 전주지목구(1957년 1월 21일 대목구로 승격)가 탄생하기도 하였다. 한편, 일제 말기인 1940년대에 들어와서 조선총독부는 일본인 주교들을 한국교회의 교구장에 앉히고자 하였다. 이때 서울교구장이었던 라르보(Larribeau, A.J. 한국이름 원형근 元亨根) 주교는 그 사실을 인지하고 한국인 성직자를 교구장에 앉히려는 계획을 비밀리에 추진하며, 마침내 1942년 1월 3일

노기남(盧基南) 신부가 제10대 교구장에 임명되었다. 이러한 노력에도 불구하고 대구교구와 광주교구의 교구장으로는 일본인 주교가 임명되었다.

## 3) 광복이후 한국 천주교의 성장

광복 당시 한국교회에는 9개 교구에 한국인 주교 2명, 외국인 주교 5명이 있었다. 그러나 북한에서는 1948년 무렵부터 교회에 대한 탄압이 시작되어 점차 지하교회(地下敎會)로 변모되었다. 이에 따라 평양교구·함흥교구·덕원면속구 등은 월남한 성직자들에 의하여 명맥을 유지해 갈 수밖에 없었다. 반면에, 남한교회는 교세확대와 더불어 교구수도 증가되어 갔다.

1957년 1월 21일 부산대목구가 설정되었고, 이어 1958년 6월 23일 청주대목구와 대전대목구가 독립하였다. 1961년 6월 6일 인천대목구도 신설되었다. 그 결과 1962년에 이르러서는 남한에만 총 9개의 교구가 생기게 되었다. 이처럼 교구가 증가하자 한국 교회에서는 교계제도의 설정을 교황청에 건의하는 한편, 그 실현을 위하여 노력하였으며, 마침내는 교황청의 인가를 얻어 1962년 3월 10일 교계제도의 설정을 볼수 있었다. 이러한 결과는 한국교회의 성장과 자립능력을 교황청에서 인정해 주었다는 사실을 의미한다. 이로써 한국교회에는 정식 교구명칭이 사용될 수 있었다.

이때 한국교회는 서울관구·대구관구·광주관구로 구분되었고, 서울·대구·광주 교구들은 모두 대교구(大敎區)로 승격되었다. 그 관할지역은 서울관구가 서울·경기도·충청남도·강원도와 북한교회를, 대구관구가 충청북도·경상북도·경상남도를, 광주관구가 전라북도·전라남도·제주도를 각각 맡도록 결정되었다. 이후에도 한국교회 안에는 교구들이 계속 설립되었고, 교구장들도 대부분 한국인 성직자들이 맡게 되었다. 우선, 1963년 10월 7일 수원교구가 설립되었다. 이어 1966년 2월 15일 마산교구, 1969년 5월 29일 안동교구, 1977년 3월 2일 제주교구, 1989년 10월 23일 군종교구가 각각 설립되었다.

이로써 현재 한국 가톨릭교회의 교구 수는 대수도원장이 관할하는 덕원면속구와 침묵의 교회인 함흥교구·평양교구를 합쳐 모두 18개에 이르며, 그 가운데 한국인 성직자가 17개 교구를, 외국인 성직자가 1개 교구를 담당하고 있다.

| 제2부 |

한국 천주교 수난과
순교사적

# 1. 한국 천주교 수난사

　서울에 이어 지방에도 신앙공동체가 형성되기 시작하여 양근·여주·
광주·충주·내포·전주 등에도 천주교가 전파되었으나 한편 서학 및 천
주교를 반대하는 학자들의 목소리도 커져가기 시작하였다.

## 1) 을사추조 적발사건

　최초의 수난은 을사추조적발 사건으로서 1785년(을사) 봄, 명례동 김
범우 집에서 가졌던 천주교도들의 비밀 신앙집회가 적발된 것이다. 김
범우 집에 사람들이 자주 모이자 도박 노름을 한다고 의심하여 순라하
던 형조 포졸들이 조사하는 바람에 적발되어 이벽·이승훈, 정약전·정
약종·정약용 3형제, 권일신 부자 등 10여 명이 체포되어 형조로 끌려갔
다. 한편 형조판서 김화진은 압송되어온 대부분의 사람들이 남인 양반
자제들인 것을 알고 훈방 조치하고 중인인 김범우만 투옥하여 형벌로
배교를 강요하였다. 그러나 김범우(金範禹, 1751년 5월 22일~1787년 9월 14

일)가 끝내 배교하지 않자 경상도 밀양 단장으로 유배시켰는데, 그는 유배생활 중에도 신앙을 실천하며 전교하다가 1787년 형벌의 여독으로 사망하여 순교자가 되었다.

이 사건을 계기로 이용서(李龍舒) 등 유생들이 척사상소를 올려 처벌을 요구하며 척사론이 대두하기 시작하였으나 남인세력에 대한 임금 정조와 남인의 영수 우의정 채제공의 비호 때문에 척사 상소가 일시적으로 잠잠해져 한동안 평온한 상태를 유지하고 있었다. 그러나 얼마 안 있어 1791년 전라도 진산에서 제사문제로 불거진 진산사건으로 인하여 신유박해가 시작되어 이른바 한국에서의 본격적인 천주교 박해가 일어나게 되었다.[1]

### 2) 신해박해(1791년)

진산사건은 전라도 진산에 살던 고산 윤선도의 6대손 윤지충이 1791년 5월 모친상을 당해 8월 그믐께 정성껏 장사를 치렀지만, 그가 '교회 가르침에 위배되는 일을 하지 말라'는 어머니의 유언에 따라 신주나 제사를 모시지 않았다. 이 사실이 조문 왔던 친지들에게 알려지게 되자 유명한 양반 집에서 제사를 지내지 않는다는 비난과 함께 진산군수 신사원에게 투서를 넣어 처벌하자는 여론이 팽배하게 되었다. 또한 천주교 신자들이 제사를 지내지 않는다는 사실이 알려지면서 11월까지 30건이 넘는 상소가 줄을 이었다. 이후 윤지충(바오로, 1759~1791년)과 그의 이종 사촌형 권상연(야고보, 1751~1791년)은 전주 감영으로 압송되어 문초와 형벌을 받았으나 굳게 신앙을 지킴으로써 결국 1791년 11월 13일 전주 남문 밖에서 군문효수형을 당하였다. 이리하여 신해박해로 한국

---

1) 대표적 순교자 – 김범우 토마스(1751~1787년), 귀향 중 객사.

천주교는 최초로 순교자를 탄생시키게 되었으며 남인세력을 천주교와 관련지어 공격하는 척사운동이 고조되어 갔다.

### 신해박해의 대표적 순교자

| 번호 | 순교 연도 | 순교자 이름 | 순교 장소 |
|---|---|---|---|
| 1 | 1791 | 윤지충(바오로, 1759~1791) | 전주 남문 밖 |
| 2 | 1791 | 권상연(야고보, 1751~1791) | |
| 3 | 1791 | 권일신 프란치스코 사베리오(1742~1791) | |
| 4 | 1793 | 원시장 베드로(1732~1793) | 내포의 사도 |
| 5 | 1801 | 이존창 루도비코 곤자가(1759~1801) | 귀향 중 객사 |

## 3) 을묘박해(1795년)

이후 한국 천주교는 양반 출신 윤유일(바오로), 중인출신 최창현(요한), 최인길(마티아), 최필공(토마스) 등을 중심으로 움직여 성직자 영입운동이 일어났다. 그리하여 조선인과 모습이 비슷하고 학문과 신심이 깊은 중국인 신부 주문모가 지황의 안내로 1794년 12월 3일 조선에 입국하여 최인길이 마련해 놓은 서울 정동 거처에 머물렀다. 주문모 신부는 조선어 공부에 주력하여 이듬해(1795년) 윤 2월 15일, 신자들에게 성사를 주고 다음날 부활대축일

▲ 성 주문모 야고보(1752~1801년) 신부 오륜대 한국순교자박물관, 『병인년 햇불 조선왕조와 천주교』, 2016, p.72.

미사를 집전하였으니 조선에서 신부가 집전한 최초의 미사였다.

한편 주문모 신부는 부활대축일 이후에는 지방순회에 나서 양근의 윤유일, 고산으로 이주한 이존창, 전주의 류항검 등을 방문하였는데 얼마 지나지 않아 그의 입국사실이 조정에 알려지게 되어 5월 11일 정조의 명에 따라 주신부 체포령이 발포되었다. 그러나 신도들은 즉시 주문모 신부를 창동에 있는 강완숙의 집으로 피신시키고 집주인 최인길이 주신부 행세를 하였으나 결국 주신부의 입국에 도움을 주었던 윤유일과 지황과 함께 체포되어 그날 밤에 곤장을 맞고 포도청에서 순교하고 말았으니 바로 을묘박해이다. 순교자는 윤유일 바오로(1760~1795년, 36세), 최인길 마티아(1765~1795년, 31세), 지황 사바(1767~1795년, 29세) 등으로서 이들의 시신은 강물에 던져져 찾을 수 없었다.

### 을묘박해의 대표적 순교자 - 3인

| 번호 | 순교 연도 | 순교자 이름 | 순교 장소 |
|------|-----------|-------------|-----------|
| 1 | 1795 | 윤유일 바오로(1760~1795년, 36세) | |
| 2 | 1795 | 최인길 마티아(1765~1795년, 31세) | |
| 3 | 1795 | 지황 사바(1767~1795년, 29세) | |

### 4) 정사박해(1797~1799년)

1797년(정조 21) 충청도 남부 지역 천주교 신자들을 대상으로 일어난 박해로서 약 100여 명의 천주교 신자들이 체포되거나 순교하였다고 한다. 조정에서는 1795년 5월 중국인 주문모 신부를 체포하려다 실패한 뒤 그를 찾으려 혈안이 되어있었으나 정조와 채제공은 천주교 문제가 확대되는 것을 원치 않았으므로 공식적인 박해는 일어나지 않았다.

그러나 1797년 윤 6월 충청도 관찰사로 임명되어 공주에 부임한 한용
화(노론 벽파)는 갑자기 충청도 모든 수령들에게 천주교 신자체포령을
발포하여 곳곳에서 신자들이 체포되어 1798년(무오), 1799년(기미)에 이
르기까지 심한 박해가 이루어졌으니 이른바 정사박해라 불린다.

### 정사박해의 대표적 순교자-8인

| 번호 | 순교 연도 | 순교자 이름 | 순교 장소 |
|------|-----------|-------------|-----------|
| 1 | 1798. 6 | 이도기 바오로(1743~1798년) | 정산 |
| 2 | 1799. 2 | 박취득 라우렌시오( ?~1799년) | 해미 |
| 3 | 1799. 3 | 원시보 야고보(1730~1799년) | 청주 |
| 4 | 1799 | 정산필 베드로( ?~1799년) | 내포 |
| 5 | 1799 | 방 프란치스코( ?~1799년) | 내포 |
| 6 | 1799 | 배관겸 프란치스코(1740~1800년) | 청주 |
| 7 | 1800 | 이보현 프란치스코(1733~1800년) | 해미 |
| 8 | 1800 | 인언민 마르티노(1773~1800년) | 해미 |

현존하는 기록 속에 이때 체포되었던 100여 명의 신자들의 이름이
나 순교행적을 찾을 수 있는 자는 몇 명 되지 않지만 정산에서 매를 맞
아 순교한 이도기 바오로(1798.6, 1743~1798년), 해미에서 교수형으로 순
교한 박취득 라우렌시오(1799.2, ?~1799년), 청주에서 매를 맞아 순교한
원시보 야고보(1799.3, 1730~1799년), 내포에서 순교한 정산필 베드로(?~
1799년) 및 방 프란치스코(1740~1800년), 청주에서 순교한 배관겸 프란치
스코(1740~1800년), 해미에서 매를 맞아 순교한 이보현 프란치스코(1733~
1800년) 및 인언민 마르티노(1773~1800년) 등이 있다.

## 5) 신유박해(1801년)

정치적으로 남인의 영수 채제공이 1799년에 사망하고 이어서 이듬해 1800년 정조가 사망함으로써 서학자들을 막아줄 배경이 사라지자, 노론계 인사들은 이를 천주교 탄압의 기회로 생각하게 되었다. 이어서 1801년 순조가 등극하자 영조의 계비인 정순왕후 김씨가 수렴청정을 하면서 박해가 시작되었다.

### 신유박해 순교자 - 42명

| 번호 | 순교자 이름 | 번호 | 순교자 이름 |
|---|---|---|---|
| 1 | 주문모 야고보(1752~1801) | 22 | 정순매 바르바라(1777~1801) |
| 2 | 홍교만 프란치스코 하비에르(1738~1801) | 23 | 유중철 요한(1779~1801) |
| 3 | 최필공 토마스(1744~1801) | 24 | 심아기 바르바라(1783~1801) |
| 4 | 최창주 르첼리노(1749~1801) | 25 | 유문석 요한(1784~1801년) |
| 5 | 홍낙민 루카(1751~1801) | 26 | 조용삼 베드로( ? ~1801) |
| 6 | 김종교 프란치스코(1754~1801) | 27 | 이중배 마르티노( ? ~1801) |
| 7 | 한정흠 스타니슬라오(1756~1801) | 28 | 윤유오 야고보( ? ~1801) |
| 8 | 유항검 아우구스티노(1756~1801) | 29 | 윤운혜 루치아( ? ~1801) |
| 9 | 최창현 요한(1759~1891) | 30 | 정인혁 타대오( ? ~1801) |
| 10 | 정약종 아우구스티노(1760~1801) | 31 | 정복혜 칸디다( ? ~1801) |
| 11 | 김천애 안드레아(1760~1801) | 32 | 정철상 가롤로( ? ~1801) |
| 12 | 강완숙 콜롬바(1761~1801) | 33 | 이현 안토니오( ? ~1801) |
| 13 | 강경복 수산나(1762~1801) | 34 | 한신애 아가타( ? ~1801) |
| 14 | 최여겸 마티아(1763~1801) | 35 | 김연이 율리안나( ? ~1801) |
| 15 | 윤지헌 프란치스코(1764~1801) | 36 | 최인철 이냐시오( ? ~1801) |

| 16 | 최필제 베드로(1770~1801) | 37 | 윤점혜 아가타( ? ~1801) |
|---|---|---|---|
| 17 | 이국승 바오로(1772~1801) | 38 | 김이우 바르나바( ? ~1801) |
| 18 | 원경도 요한(1774~1801) | 39 | 김광옥 안드레아( ? ~1801) |
| 19 | 홍필주 필립보(1774~1801) | 40 | 김정득 베드로( ? ~1801) |
| 20 | 김현우 마태오(1775~1801) | 41 | 신희( ? ~1802) |
| 21 | 문영인 비비안나(1776~1801) | 42 | 이육희( ? ~1802) |

1800년 12월 17일, 중인 최필공과 최필제가 체포되고 1801년 1월 9일 배교자 김여상의 밀고로 한양의 회장 최창현(요한)이 체포되었다. 이와 더불어 유생들의 천주교 배척 상소가 빗발치기 시작하자, 드디어 1월 10일 정순왕후의 천주교 금교령이 반포되고 천주교 신자에 대한 체포가 시작되었다. 1월 19일 이런 사태를 더욱 악화시킨 것이 정약종의 책롱사건이다. 정약종의 집에서 천주교 서적과 성물, 북경 주교의 서한 및 주문모 신부의 서한, 정약종·정약용 등 정씨 집안의 서한, 그리고 정약종 일기 등이 보관되어 있었다. 그런데 이 책롱이 발각·압수되면서 관련 신자들을 체포하라는 명령이 정부로부터 내려졌다. 그리하여 이가환·이승훈·정약용·홍낙민 등이 체포되고, 권철신과 정약종, 홍교만과 아들 홍인(레오) 등이 연이어 체포되었다. 나아가 강완숙(콜롬바)이 체포된 것을 비롯하여 양반 집안 부녀자들도 검거 대상이 되었다. 그리고 연이어 신자들이 체포되어 주문모 신부의 행방을 자백하도록 강요받거나 죽임을 당하자, 주문모 신부는 3월 11일 스스로 출두하여 군문효수형을 선고받았다.

5월 31일 한강 근처 새남터에서 주문모 야고보신부(1752~1801)가 순교하였다. 한편 황사영은 1801년(순조 1) 신유박해 당시 조선정부의 천주교 박해 현황과 중국인주문모 신부의 처형사실, 그에 대한 대응책 등을 흰 비단에 적어 중국 북경교구장 구베아(A. de Gouvea, 1751~1808) 주교에게 보내려고 하였던 밀서사건 <황사영 백서(黃嗣永帛書)>가 발각되었다. 1801년 9월 26일 황사영이 체포되면서 신유박해는 새로운 단계를 맞이하게 되었다. 이 신유박해 당시 처형당한 신자 숫자는 약 300여 명을 넘었다.

조선정부는 1801년 10월 청나라 인종에게 진주사(陳奏使) 조윤대(曺允大)를 파견하여 진정서를 바치며 신유박해 전반에 관련하여 청국의 이해를 부탁하고 주문모 신부 처형에 따른 청국의 반발을 예방하였다. 그리고 1801년 10월 21일 조정은 토사진하례(사교를 토벌하였으므로 축하하는 의식)를 거행하고 토사교문(討邪敎文 천주교를 떠나 유교로 돌아오는 교우들에게 더이상 죄를 묻지 않는다는 법령)을 발포했다. 그리고 1801년 12월 22일 척사윤음이 발포되어 천주교를 사학으로 몰아 탄압하게 되었다. 척사윤음(斥邪倫音)이란 천주교를 사학(사악한 학문, 邪學)으로 단정하여 그를 배척하기 위해 임금이 내린 유시, 즉 윤음을 일컫는다.

### 황사영 백서사건 연루자-6인

| 번호 | 이름 |
|------|------|
| 1 | 황사영(1775~1801) |
| 2 | 황심 토마스(1756~1801) |
| 3 | 현계흠 바오로(1763~1801) |
| 4 | 김한빈 베드로(1764~1801) |
| 5 | 옥천희 요한(1767~1801) |
| 6 | 김귀동(출생연몰 미상) |

## 토사교문 이후의 대표적 순교자 – 11인

| 번호 | 순교자 이름 |
|---|---|
| 1 | 김사집 프란치스코(1744~1801) |
| 2 | 한덕운 토마스(1752~1802) |
| 3 | 백정 황일광 시몬(1757~1802) |
| 4 | 홍인 레오(1758~1802) |
| 5 | 손경윤 제르바시오(1760~1801) |
| 6 | 이순이 루갈다(1782~1802) |
| 7 | 이경도 가롤로(1789~1802) |
| 8 | 김계완 시몬(?~1802) |
| 9 | 정광수 바르나바(?~1802) |
| 10 | 유중성 마태오(?~1802) |
| 11 | 홍익만 안토니오(?~1802) |

## 6) 을해박해(1815년)

박해를 피해 산속으로 숨어서 거주하던 천주교 신자들은 화전을 일구어 살며 어느 정도 안정을 찾아 신앙생활을 계속하였다. 혹 양식을 얻으러 구걸하러 오는 자들을 동정하고 도와주기도 하였다. 1814년 여름, 홍수로 흉년이 들자 경상도 각지를 돌며 양식을 구걸하러 다니던 전지수라는 배교자의 밀고로 1815년 을해박해가 일어나 청송 노래산, 진보 머루산, 영양의 곧은정, 우련밭 신자 등 약 300명의 신자가 체포되어 안동, 경주, 대구 옥에 갇혔다. 이들 중 많은 이가 배교하였으나 끝까지 신앙을 지킨 29명에 대해 경상도 감사는 사형을 요청하였다. 그러나 정부의 허락이 늦어져 1816년 11월 1일, 사형이 집행되었다. 이 기간 중 22명은 고문과 기아로 죽고, 나머지 7명만이 순교를 하였다.

## 을해박해의 대표적 순교자 – 11인

| 번호 | 순교 연도 | 순교자 이름 | 순교 장소 |
|---|---|---|---|
| 1 | 1815 | 서석봉 안드레아(?~1815) | |
| 2 | 1815 | 최봉환 프란치스코(?~1815) | |
| 3 | 1815 | 김윤덕 아가타 막달레나(?~1815) | 청송 노래산 순교자 7명 |
| 4 | 1816 | 고성운 요셉(?~1816) | (현 청송군 안덕면 노래 2동) |
| 5 | 1816 | 고성대 베드로(?~1816) | |
| 6 | 1816 | 김화춘 야고보(?~1816) | |
| 7 | 1816 | 구성열 바르바라(?~1816) | |
| 8 | 1815 | 김시우 알렉시오(1782~1815) | 진보 머루산 순교자 2명 |
| 9 | 1816 | 이시임 안나(1782~1816) | (현 영양군 포산면 포산동) |
| 10 | 1815 | 김강이 시몬(?~1815) | 왕피리 순교자 1명(홍건적의 난 때, 고려 공민왕이 피신왔다하여 연유한 지명) |
| 11 | 1816 | 김희성 프란치스코(1765~1816) | 영양 곧은정 순교자 1명 (현 영양군 일월면 소재) |
| 12 | 1816 | 김종한 안드레아(?~1816) | 우련밭 순교자 1명(현 봉화군 재산면 갈산리) |

## 7) 정해박해(1827년)

신자들 사이의 다툼에서 시작되었는데 1827년 2월 전남 곡성군 덕설현(현 전남 곡성군 오곡면 승법리) 마을 옹기점에 신입교우가 하는 주막에서 한배겸이라는 신자가 술주정을 하면서 주막집 여주인에 대해 행패를 부리자, 화가 난 주막집 남편이 홧김에 천주교 서적을 들고 곡성현감을 찾아가 일부 천주교 신자들을 고발하면서 박해가 시작되었다.

이에 많은 천주교 신자들이 체포되고 재산몰수와 함께 장성, 순창, 임실, 용담, 금산, 고산, 전주 등, 박해가 전라도 일대로 확산되어 체포된 천주교 신자가 약 240여 명이나 되었다. 이들을 모두 수감할 수 없어, 분산해 수감하거나 심지어 개인 집에 가두기도하였다고 한다. 이 박해는 그 기간이 3개월 정도로 다소 짧았으며 중앙정부가 관여하지 않았으며 사형이 없었다.

## 8) 기해박해(1839년)

중앙정계의 권력 다툼에서 시작되었는데 벽파(辟派) 풍양 조씨가 시파(時派)인 안동 김씨의 세도를 빼앗기 위해 일으킨 정쟁이었다. 안동 김씨는 천주교에 대해 비교적 관대한 입장을 취하여 1836년 이후 조선에 입국한 프랑스 신부들을 중심으로 조선교회가 비교적 견고해지고 있었다. 그러나 1834년 순조가 사망하고 순조의 손자인 헌종이 8살 나이로 왕위에 오르면서 대비인 순원왕후가 수렴청정을 하게 되어, 이때 순원왕후의 오빠 김유근이 대비의 정사를 보필하였다. 한편 김유근은 1839년 5월 세례를 받았는데 중병으로 정계를 은퇴하자 천주교를 원수처럼 미워하는 벽파 조씨 집안이 정계에 대두, 1838년 말부터 천주교 세력에 대한 탄압이 시작되었다.

그리하여 조신철 가롤로, 현석문 가롤로, 정하상 바오로, 유진길 아우구스티노와 그 가족을 비롯해, 앵베르 주교와 모방신부와 샤스탕 신부 등이 체포되어 순교하였다.

기해박해의 순교 성인 및 순교자 개략은 상기 <표>들을 참조하기 바란다. 현재 알려진 바에 의하면 모두 82여 명(순교 성인 70명과 순교자 12여 명)으로 유추되고 있다.

## 기해박해의 순교 성인 70인

| 번호 | 연도 | 순교자 이름 | 순교 장소 |
|---|---|---|---|
| 1 | | 앵베르 주교(조선 2대 교구장, 1797~1839) | |
| 2 | | 모방 나백다록 신부(1803~1839) | |
| 3 | | 샤스탕 정 야고보 신부(1803~1839) | |
| 4 | | 정하상 바오로(신학생, 1795~1839) | |
| 5 | | 유소사 체칠리아(과부, 1761~1839) | |
| 6 | | 김루치아(과부, 1769~1839) | |
| 7 | | 허계임 막달레나(부인, 1773~1839) | |
| 8 | | 김업이 막달레나(과부, 1774~1839) | |
| 9 | | 남이관 세바스티아노(회장, 1780~1839) | |
| 10 | | 조증이 바르바라(부인, 1782~1839) | |
| 11 | | 박아기 안나(부인, 1783~1839) | |
| 12 | | 이소사 아가타(과부, 1784~1839) | |
| 13 | | 한영이 막달레나(과부, 1784~1839) | |
| 14 | | 김노사 로사(과부, 1784~1839) | |
| 15 | | 전경협 아가타(동정, 궁녀, 1785~1839) | |
| 16 | | 장성집 요셉(환부, 1786~1839) | |
| 17 | 1893 | 김성임 마르타(과부, 1787~1839) | |
| 18 | | 이광헌 아우구스티노(회장, 1787~1839) | |
| 19 | | 최창흡 베드로(회장, 1787~1839) | |
| 20 | | 김아기 아가타(과부, 1787~1839) | |
| 21 | | 이매임 데레사(과부, 1788~1839) | |
| 22 | | 이 가타리나(과부, 1788~1839) | |
| 23 | | 김장금 안나(과부, 1789~1839) | |
| 24 | | 정국보 프로타시오(상인, 1788~1839) | |
| 25 | | 유진길 아우구스티오(회장, 역관, 1791~1839) | |
| 26 | | 한아기 바르바라(과부, 1792~1839) | |
| 27 | | 조신철 가롤로(마부, 1794~1839) | |
| 28 | | 김제준 이냐시오(회장, 1794~1839) | |
| 29 | | 현경련 베네딕타(여회장, 1794~1839) | |
| 30 | | 이광렬 요한(공인, 동정, 1795~1839) | |
| 31 | | 정정혜 엘리사벳(동정녀, 1797~1839) | |
| 32 | | 고순이 바르바라(부인, 1798~1839) | |
| 33 | | 박희순 루치아(동정녀, 1801~1839) | |
| 34 | | 홍금주 페르페뚜아(과부, 1802~1839) | |

| 35 | | 남명혁 다미아노(회장, 1802~1839) |
|---|---|---|
| 36 | | 이호영 베드로(회장, 1803~1839) |
| 37 | | 권득인 베드로(상인, 1805~1839) |
| 38 | | 조 막달레나(동정녀, 1806~1839) |
| 39 | | 김 바르바라(과부, 1805~1839) |
| 40 | | 이영희 막달레나(동정녀, 1809~1839) |
| 41 | | 김효임 골롬바(동정녀, 1812~1839) |
| 42 | | 이영덕 막달레나(동정녀, 1812~1839) |
| 43 | | 김효주 아녜스(동정녀, 1816~1839) |
| 44 | | 이 바르바라(동정녀, 1825~1839) |
| 45 | | 유대철 베드로(소년, 1826~1839) |
| 46 | | 김 루치아(동정녀, 1818~1839) |
| 47 | | 원귀임 마리아(동정녀, 1818~1839) |
| 48 | | 박큰아기 마리아(부인, 1786~1839) |
| 49 | | 권희 바르바라(부인, 1794~1839) |
| 50 | | 박후재 요한(1799~1839) |
| 51 | | 이정희 바르바라(1799~1839) |
| 52 | | 이연희 마리아(부인, 1804~1839) |
| 53 | | 최경환 프란치스코(회장, 1805~1839) |
| 54 | | 김유리대 율리엣다(동정녀, 1784~1839) |
| 55 | | 박봉손 막달레나(과부, 1796~1839) |
| 56 | | 민극가 스테파노(회장, 1788~1840) |
| 57 | | 박종원 아우구스티노(회장, 1793~1840) |
| 58 | | 허협 바오로(군인, 1796~1840) |
| 59 | 1840 | 김데레사(과부, 1797~1840) |
| 60 | | 홍영주 바오로(회장, 1802~1840) |
| 61 | | 손소벽 막달레나(부인, 1802~1840) |
| 62 | | 정화경 안드레아(회장, 1808~1840) |
| 63 | | 이문우 요한(복사, 1810~1840) |
| 64 | | 이인덕 마리아(동정녀, 1819~1840) |
| 65 | | 최영이 바르바라(부인, 1819~1840) |
| 66 | | 권진이 아가타(부인, 1820~1840) |
| 67 | 1841 | 이경이 아가타(동정녀, 1824~1840) |
| 68 | | 이 아가타(동정녀, 1828~1840) |
| 69 | | 홍병주 베드로(회장, 1798~1840) |
| 70 | | 김성우 안토니오(회장, 1795~1841) |

## 기해박해 순교자 12명

| 번호 | 분류 | 순교자 이름 |
|---|---|---|
| 1 | 순교자 | 홍영주 바오로(1802~1840) |
| 2 | | 김덕심 아우구스티노(1798~1841) |
| 3 | 하느님의 종2) | 홍제영 프로타시오(1780~1840) |
| 4 | | 최해성 요한(1811~1839) |
| 5 | | 최 브리짓다(1783~1839) |
| 6 | | 김조이 아나스타시아(1789~1839) |
| 7 | | 최조이 바르바라(1790~1840) |
| 8 | | 이성례 마리아(1801~1840) |
| 9 | | 이조이 막달레나(1808~1840) |
| 10 | | 심조이 바르바라(1813~1839) |
| 11 | | 오종례 야고보(1821~1840) |
| 12 | | 이봉금 아나스타시아(?~1839) |

## 9) 병오박해(1846년)

병오박해는 김대건 안드레아 신부와 관련 있는 자들을 중심으로 체포하여 박해 규모는 그다지 크지 않았다. 이미 여러 차례 박해를 겪어온 신자들은 소문을 듣자마자 다른 곳으로 피신하였고, 페레올 주교와 다블뤼 신부는 일시 활동을 중단하여 안전한 교우 촌으로 피신하고 있었다.

김대건 안드레아 신부(1821~1846년)는 1836년 베드로 모방신부에 의해 신학생으로 선발되어 마카오로 유학을 떠나 6년 동안 신학공부를 마친 뒤 1845년 8월 페레올 주교로부터 사제서품을 받아 한국인 최초의 신부

---

2) 하느님의 종이란 표현은 일반적으로 시복시성 안건이 시작된 가톨릭 신자를 '하느님의 종'으로 부른다.

가 되었다. 여러 차례 힘든 시도 끝에 고국으로 돌아온 김대건 신부는 서울과 용인 지역에서 사목활동을 시작하였으나 1846년 음력 4월 주교의 명령에 따라 서양 선교사들의 입국로를 개척하기 위한 편지를 중국 배에 전하고 황해도로 갔다가 돌아오는 도중 순위도에서 관헌에게 체포되어 동년 9월 16일 25세의 나이로 새남터에서 참수되고 말았다.

### 병오박해 순교 성인-9인

| 번호 | 연도 | 순교자 이름 |
|---|---|---|
| 1 | | 김대건 안드레아 신부(1822~1846) |
| 2 | | 현석문 가롤로(회장, 1796~1846) |
| 3 | | 남경문(회장, 1796~1846) |
| 4 | | 한이형 라우렌시오(회장, 1799~1846) |
| 5 | 1846 | 우술임 수산나(과부, 1802~1846) |
| 6 | | 임치백 요셉(사공, 1803~1846) |
| 7 | | 김임이 데레사(동정녀, 1810~1846) |
| 8 | | 이간난 아가타(과부, 1813~1846) |
| 9 | | 이간난 아가타(과부, 1813~1846) |

## 10) 경신박해(1860년)

1859년 12월 마지막 주에 시작되어 이듬해(1860년) 9월까지 약 9개월 동안 지속되었던 천주교 박해이다. 1839년 기해박해 때 천주교도 색출에 공을 세운 금위대장 임성고의 아들 좌포도대장 임태영이 주동이 되어 조정의 명령도 없이 우포도대장 신명순과 짜고 사사로이 일으킨 박해사건이었다. 이 당시 조정은 천주교에 대해 비교적 관대한 정책을 펴 천주교회는 비교적 순조롭게 교세를 확장하여 한 해에 약 1,200명 정도의 예비신자들을 모아 전국 신자 수가 약 16,700명 정도에 달하였다고 한다.

박해는 서울에서 시작하여 지방으로 번져갔는데, 특히 전라도 쪽 교우촌들이 많은 피해를 입었다. 재산 있는 부유한 신자들이 많이 체포되었는데, 포도대장의 탐욕과 포졸들을 먹여 살릴 경제적 측면에서 시작된 박해로서 포졸들의 방화, 약탈, 부녀자 겁탈 등 사례가 많아서 주민들의 천주교도에 대한 동정심이 일어나고 있었다. 당시 국내에서 활동하던 베르뇌, 다블뤼 주교 등 서양 선교사들을 검거하지 못하자 박해의 명분도 약화되면서 당시 정국의 주도세력이었던 안동 김 씨로부터 천주교도 약탈에 대한 비인도적 처사에 대해 비난을 받게 되었다. 이에 철종은 음력 8월 옥에 간힌 천주교도들을 모두 석방함으로써 박해는 마무리되었다.

경신박해 당시 유일한 한국인 성직자였던 최양업 신부는 경상도 죽림공소에서 포졸들에게 포위되어 한동안 간혀 지내면서 신자들을 보호하기도 하였다. 다만 박해 때문에 밀려있던 공소업무를 너무 무리하게 추진하는 과정에서 1861년 식중독과 과로로 경상도 문경에 서 쓰러져 보름만에 선종하고 말았다.

**경신박해의 대표적 순교자**

| 번호 | 순교 사항 | 순교자 이름 | 비고 |
|---|---|---|---|
| 1 | 순교자 | 조석빈(1825~1868) | 김해 조씨 형제 |
| 2 | 순교자 | 조석증(1834~1868) | |
| 3 | 유배자 | 김해 삼방동 이학규 | |

## 11) 병인박해(1866년)

1866년 1월, 북경으로 갔던 사신들이 돌아와 중국의 천주교 박해를 전하며 서양 오랑캐를 죽여야 한다는 주장을 하게 되었다. 이에 서양인 주교와 선교사에 대한 사형판결과 천주교인에 대한 국법 시행에 서명함으로 시작되었다. 이선이의 밀고로 서양인 선교사가 적어도 9명 정도 조선에 있음을 알았고 배반자들이 신부들의 거주지에 대한 정보를 제공하였으므로 서울 포졸들이 사방으로 파견되었다. 음력 1월 25일 푸르티에 신부(Pourthi, 요한, 1830년~1866년)[3]와 프티니콜라 신부(Petitnicolas, 미카엘, 한국이름 박덕로 朴德老, 1828년~1866년) 신부[4]가 새남터에서 처형당한 날 다블뤼 주교가 체포되었다. 그러나 다블뤼 주교는 곧 풀려나 서울을 떠나 공소 순회를 계속하려고 내포로 돌아갔으나 베르뇌 주교 및 그의 동료 세 신부가 순교하였다는 소식을 들었다. 즉 동년 2월 23일 베르뇌 주교(Berneux, Simeon Francois, 한국이름 장경일 張敬一, 1814년~1866년)가

---

3) 1830년 12월 20일 프랑스에서 출생하였고, 1854년 6월 11일 사제로 서품된 후 곧바로 파리외방전교회에 입회하였다. 1855년 중국의 귀주(貴州) 지역 선교사로 임명되었으나 도중에 임지가 조선으로 변경되어 베르뇌 주교, 프티니콜라 신부와 함께 상해를 거쳐 한국에 입국하였다. 입국 이후 충북 배론의 성 요셉 신학교 교장으로 임명되어 한국인 성직자 양성을 위해 노력하였으나 병인박해 때 프티니콜라 신부, 장주기(張周基, 요셉) 등과 함께 체포되어 3월 11일 새남터에서 군문효수형으로 순교하였고, 5월 27일 왜고개에 매장되었다가 1899년 10월 30일에 발굴되어 용산 예수성심신학교에 안장되었다. 그의 유해는 1900년 9월 4일에 명동성당으로 옮겨져 현재에 이르고 있다.

4) 1828년 8월 21일 프랑스에서 출생하였고, 1852년 사제로 서품된 후, 1855년 베르뇌 주교, 푸르티에 신부와 함께 상해를 거쳐 한국에 입국하였다. 입국 후, 충청도 지역에서 사목하였으며, 1862년부터는 배론 신학교 교수로 재직하였다. 병인박해 때 푸르티에 신부와 함께 충북 배론에서 체포되었으며, 3월 11일 새남터에서 군문효수형으로 순교하였고, 5월 27일 왜고개에 매장되었다가 1899년 10월 30일에 발굴되어 용산 예수성심신학교에 안장되었다. 그의 유해는 1900년 9월 4일에 명동성당으로 옮겨져 현재에 이르고 있다.

체포되어 고문을 받기 시작하였으며, 2월 26일엔 브르트니에르 신부(Bretenieres, Simon marie Antoinr Just Ranfer de, 유스토 백(白), 1838년~1866년) — 1865년 5월 조선 입국 –, 27일엔 앙리 도리 신부(Pierre-Herni Dorie, 한국명 김(金)도리, 1839년~1866.3.7.)·볼리외 신부(Bernard-Louis Beaulieu, 한국명 서몰례 徐沒禮 1840년~1866.3.7)가 체포되어 모두 베르뇌 주교가 있는 감옥에 갇혀 심문과 고문도 같이 당하다가, 마침내 3월 7일 주교와 세 명의 선교사는 새남터에서 참수·효수되었다.

그리고 얼마 안 있어 다블뤼 주교(Marie-Nicolas-Antoine Daveluy, 한국명 안돈이 安敦伊, 1818년~1866년) 및 오메트르 신부(Pierre Aumaitre, 한국성은 오吳, 1837년~1866년)와 위앵 루카 신부(Martin Lucas Huin, 한국성은 민 閔, ?~1866년) 등도 체포되어 3월 30일(음력 2월 14일) 갈매못 형장에서 참수당하였다. 이 박해는 전국적으로 영향을 미쳐 영남지역에서도 적지 않은 순교자가 나왔다. 이렇게 1866년 병인박해로 베르뇌 신부를 비롯해 다블뤼 신부, 서양인 신부 9명이 모두 처형당하고 많은 내국인 신자들도 체포당하여 순교를 하였다.

한편 1866년 7월 7일 미국 상선 제너럴 셔먼호가 대동강에 도착하여 황해도 황주목 삼전면 앞에 정박하자, 평안도 관찰사 박규수는 즉시 퇴거할 것을 요청했으나 미국인들은 이 경고를 무시하고 야간에 상륙하여 약탈을 자행하여 조선 측 관군과 분쟁이 일어났다. 이에 조선 측은 7월 24일 대동강 썰물 때 작은 배에 연료를 싣고 불을 지른 다음 내려보냄으로써 제너럴 셔먼호를 소각시켜버렸다. 그리고 병인 박해 때 프랑스 선교사 9명이 처형당한 사건을 구실삼아 프랑스 함대가 강화도에 침범한 병인양요(1866년)가 발발했으나 정족산성 싸움에서 프랑스 로즈 함대를 퇴각시켜버렸다.

그러나 조선의 쇄국정책은 더욱 강화되어 천주교에 대한 박해가 강도를 더해 1867년부터 1868년 초까지 전국 도처에서 천주교 신자들이 체포·순교하였다. 1867년 11월 21일 조정에서는 천주교도들을 남김없이 색출하라는 명을 전국에 내렸으며, 11월 23일 성연순 등을 체포하여 강화도에서 교수형에 처하고, 강화도 양화진은 많은 순교자들의 피로 적셔진 곳이라 하여 절두산(切頭山)이라는 명칭이 붙여지게 되었다. 이의송 프란치스코(1821~1866), 김이쁜 마리아(1811~1866) 부부와 아들 이붕익 베드로(1842~1866), 황해도 출신 박영래 요한( ?~1866) 등이 순교했다. 그리고 전라도 지방에서는 정문호 바르톨로메오(원님, 1801~1866), 손선지 베드로(회장, 1820~1866), 한원서 베드로(1836~1866), 이명서 베드로(1820~1866), 조화서 베드로(1815~1866), 정원지 베드로(1845~1866) 등이 순교하였다. 1866년 11월 17일(음력), 조화서의 아들 조윤호 요셉(1847~1866)은 전주 서천교 장터에서 매를 맞아 순교했다. 대구 관덕당에서는 1867년 1월 21일(양력)에 이윤일 요한이 참수되고 수원에서는 3월에 박의서(사바) 회장과 그의 두 아우 박원서 마르코·박익서(세례명 미상)가 순교하였으며, 충남 공주에서는 1866년 11월 18일(음력)에 배문호(베드로, 1843~1866)·최종여(라자로, 1825~1866)의 순교, 1867년 1월에 서정직 요한의 순교가 이어졌다. 그리고 1868년까지 공주·해미·홍주 등지로 학대가 퍼져나가 수많은 신자들이 처형되었다. 특히 서산 강당리에서는 김선양(요셉, 1806~1866) 등 17명이 홍주로 끌려가 12월 27일 교수형을 당했으며, 공주 국실에서는 회장 김화숙 베드로(1818~1867)와 한 마을 사람 27명가량이 공주로 끌려가 1867년 4월에 교수형으로 순교하였다.

그리고 1868년 5월에 발발한 독일인 오페르트의 대원군 조부 남연군 묘 도굴미수사건, 1871년의 신미양요(1866년 미국 제너럴셔먼호포격 사건에 대한 응징을 위해서 일으킨 미국 함대의 조선침략)가 일어났다. 신미양요로 인해 1872년 52명의 신자가 다시 체포되어 고문을 받았다. 그러나 조야의 상소에 의해 1873년 11월 고종의 친정이 시작되어 대원군 섭정 정치가 끝나면서 오랫동안 계속된 병인박해는 끝을 맺었다.

병인박해로 순교한 신자 수는 기록마다 달리 나타나는데, 박해 직전의 총 신자 수가 23,000명이었다고 한다. 교회 측 기록에는 1870년 무렵까지 전국 8,000명의 신자가 죽음을 당한 것으로 나타나며 포도청 기록에는 2,403명(남 2,297, 여 106)을 체포하여 절반 이상 처형한 것으로 나타난다. 정확한 숫자는 알 수 없지만 종합해보면 병인박해의 순교자 수는 대략 1만 명으로 추정된다.

### 병인박해(1866년)의 순교 성인 – 24명

| 번호 | 순교자 이름 | 번호 | 순교자 이름 |
|---|---|---|---|
| 1 | 베르뇌 시메온(제4대교구장 주교, 한국명 장경일, 1814~1866년) | 13 | 손선지 베드로(회장, 1819~1866) |
| 2 | 브르트니에르 유수토(신부, 1838~1866) | 14 | 이명서 베드로(농부, 1820~1866) |
| 3 | 피에르 앙리 도리 헨리코(신부, 1839~1866) | 15 | 이윤일 요한(회장, 1821~1866) |
| 4 | 볼리외 루도비코(신부, 1840~1866) | 16 | 유정률 베드로(회장, 1837~1866) |
| 5 | 다블뤼 안토니오(제5대교구장 주교, 1818~1866) | 17 | 손자선 토마스(농부, 1843~1866) |
| 6 | 위앵 루카(신부, 1836~1866) | 18 | 우세영 알렉시오(역관, 1845~1866) |
| 7 | 오메르트(신부, 1837~1866) | 19 | 정원지 베드로(농부, 1845~1866) |
| 8 | 정의배 마르코(회장, 1795~1866) | 20 | 장주기 요셉(회장, 1803~1866) |
| 9 | 전장운 요한(상인, 1810~1866) | 21 | 조윤호 요셉(농부, 1847~1866) |
| 10 | 최형 베드로(회장, 1814~1866) | 22 | 황석두 루카(회장, 1813~1866) |
| 11 | 조화서 베드로(농부, 1815~1866) | 23 | 정문호 바르톨로메오(원님, 1801~1866) |
| 12 | 남종삼 요한(승지, 1817~1866) | 24 | 한재권 요셉(회장, 1836~1866) |

## 병인박해(1866년)의 순교자 – 하느님의 종(시복시성 청원 중), 22인

| 번호 | 연도 | 순교자 이름 |
|---|---|---|
| 1 | 1866 | 오반지 바오로(1813~1866) |
| 2 | | 장 토마스(1815~1866) |
| 3 | | 장 토마스(1815~1866) |
| 4 | | 신석복 마르코(1828~1866) |
| 5 | | 구한선 타대오(1844~1866) |
| 6 | | 김원중 스테파노( ~1866) |
| 7 | 1867 | 송 베네딕도(1798~1867) |
| 8 | | 김기량 펠릭스(1816~1867) |
| 9 | | 송 베드로(1821~1867) |
| 10 | | 정찬문 안토니오(1822~1867) |
| 11 | | 박상근 마티아(1837~1867) |
| 12 | | 이 안나(1841~1867) |
| 13 | 1868 | 이정식 요한(1794~1868) |
| 14 | | 박대식 빅토리노(1812~1868) |
| 15 | | 김종륜 루카(1816~1868) |
| 16 | | 허인백 야고보(1822~1868) |
| 17 | | 양재현 마르티노(1827~1868) |
| 18 | | 박경진 프란치스코(1835~1868) |
| 19 | | 윤봉문 요셉(1852~1888) |
| 20 | | 오 마르가리타(?~1868) |
| 21 | | 이양등 베드로(?~1868) |
| 22 | | 마르가리타(?~1868) |

## 2. 순교사적 정리 사업과 유물

### 1) 순교사적 정리 사업

제2대 조선교구장 앵베르 주교는 1838년 말 체포되기 몇 개월 전부터 1839년의 기해박해로 순교하게 되는 순교자들에 대한 자료조사와 함께, 정하상 바오로 및 현경련 베네딕타, 이문우 요한, 현석문 가롤로, 최영수 필리보 등에게 순교사적의 정리를 맡겼다. 이 결과 만들어진 것이 '기해일기'이며 1845년 초 조선에 일시 귀국한 김대건 안드레아 부제는 이를 라틴어로 번역하여 '조선 순교자들에 관한 보고서'를 작성하여 마카오의 리브와 신부(Libois, Napoleon; 1805~1872)[5])에게 보냈다.

1847년 페레올 주교는 병오박해(1846년) 순교자들의 기록을 포함한 프랑스 어본 '증보판 기해일기'를 완성하여 홍콩의 파리 외방전교회 극동 대표부로 보냈다. 1847년에 최양업 토마스 부제는 이 기록을 라틴어로 번역하는데, 이것이 『기해·병오박해 순교자들의 행적』이다. 이 행적은 1847년 10월 15일 교황청 예부성성(현 시성성)에 제출되어 시복 소송절차가 공식적으로 시작되었다. 그 후 한국 순교자들에 관한 자료

---

5) 리브와(Libois, Napoleon, 1805~1872) 신부는 파리 외방전교회 소속 신부로서 극동지역 파리 외방전교회 경리부장을 역임했다. 프랑스에서 출생하여, 1832년 선교사로 중국에 입국하여 마카오의 극동지역 경리부 부경리로 활동하였다. 1837년 마카오에 유학 온 김대건(金大建), 최양업(崔良業), 최방제(崔方濟) 등 3명의 조선 신학생에게 교회음악을 가르쳤고, 1842년 르그레즈와(Legregeois) 신부의 후임으로 극동지역 경리부장이 되어 극동지역에 파견된 파리 외방전교회의 선교사들을 지원하였다. 1842년부터 1846년까지 김대건 신부로부터 김대건 신부의 입국과 조선 교회의 상황을 알리는 15통의 편지를 받고 이를 파리 외방전교회에 보고하는 한편, 조선에 입국하는 선교사들을 돕고, 조선 전교를 적극 지원하였다. 1847년 극동지역 경리부를 마카오에서 홍콩으로 옮기고 각 포교지의 경리부 신설에 노력하여 1857년 싱가포르, 1864년 상해(上海)에 경리부를 신설하였다. 1866년 프랑스로 귀국하여 그 후 사망할 때까지 교황청 포교지 경리부장으로 재직하였다.

조사 작업은 제5대 조선교구장 다블뤼 주교가 주로 하였다. 1858~1859년에 『한국 주요 순교자 약전』을 작성하면서 1785년부터 1846년 사이의 순교자 210명을 선정하였다. 자료 수집과정 중에 이기경의 '벽위편', '이순이 루갈다와 이경도의 옥중 서한'을 발견하였다. 이후 계속되는 자료 수집으로 1860년까지 『조선사서설』·『조선순교사』가 완성되었다.

병인박해(1866년)로 중단되었던 시복자료 조사와 정리 작업은 1876년부터 재개되었다. 즉 1876년부터 병인박해 순교자에 대한 예비 조사를 실시했으나 아직 박해가 계속되고 있었으므로 본격적인 조사는 1880년 뮈텔 신부의 조선입국 이후에야 이루어졌다. 이때 뮈텔 신부는 『기해일기』의 전사본과 『상재상서』, 천주가사인 민극가의 『삼세대의』와 이문우의 『옥중제성』 등을 예부성성으로 보낼 수 있게 되었다.

이어 제7대 조선교구장에 임명된 블랑 주교가 1882년에 보령 순교자들의 유해를 홍산 남포 서덜골에서 발굴하였고, 1890년 제8대 조선교구장으로 임명된 뮈텔 주교는 1894년에 황사영의 "백서" 원본을 발견하였다. 그리고 1895년에 시복 수속 담당자 르 장드르(Louis Le Gendre, 1862~1928, 한국이름 최창근 崔昌根) 신부로 하여금 『치명일기(致命日記)』을 간행하도록 하였는데 이 때 모두 877명의 순교자가 수록되었다.

1923년에는 『병인박해 순교자 증언록』, 1925년에는 『병인박해 치명사적』이 편찬되어 그 중에 24명의 순교자가 시복 대상자로 확정되었다. 24위 순교자(베르뇌 주교, 다블뤼 주교, 브르트니에르 신부, 도리 신부, 볼리외 신부, 위앵 신부, 오메트르 신부, 남종삼, 전장운, 최형, 정의배, 우세영, 황석두, 손자선, 정문호, 유정률, 장주기, 조화서, 손선지, 이명서, 한재권, 정원지, 조윤호, 이윤일 등)는 1921~26년에 교황청 수속이 시작되어, 이후 1968년 7월 4일 어전회의에서 기적 면제를 받고, 동년 10월 6일 로마 성 베드로 대성전에서 시복식을 거쳐 복자위에 오르게 되었으며, 1984년 5월 6일 서울 여의도 광장에서 교황 요한 바오로 2세에 의해 성인으로 시성되었다.

## 2) 순교자들의 유물

### (1) 순교자들의 십자가

권일신(1742~1791, 프란치스코 사베리오)은 한국천주교회 창설을 주도한 실학자로서 1791년 신해박해의 여파로 잡혀 심한 고문을 받고 예산으로 유배 가는 길에 옥중에서 받은 상처로 1791년 봄 객사, 순교하였다. 옆의 그림 속의 십자가는 그의 5대 후손 권위연(이영숙 수녀 모친) 아네스가 기증하였다.

▲ **직암 권일신(稷庵 權日身)의 십자가**
『오륜대 한국순교자기념관』, 1996, p.9.

### (2) 순교자들의 묵주

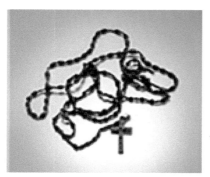

◀ **기해박해(1839년) 무명 순교자 무덤에서 발굴된 묵주**『오륜대 한국순교자기념관』, 1996, p.14.

## (3) 순교자들의 성모상

◀ **1866년 병인박해 때 순교한 강화도의 무명 순교자의 무덤에서 출토한 성모상**『오륜대 한국순교자기념관』, 1996, p.24.

## (4) 순교 신부님들의 유물

### ① 성 김대건 신부의 유물

◀ **성 김대건 신부의 횡대** 1846년 9월 16일 새남터에서 순교한 김대건 신부의 무덤을 덮었던 횡대(橫帶)이다. 1959년 미리내 재임 중이던 윤형중신부가 기증하였다.『오륜대 한국순교자기념관』, 1996, p.16.

◀ **성 베르뇌 주교의 십자가와 옷자락** 베르뇌 주교가 1866년 3월 새남터에서 순교하기 전, 당시 회장이던 박순집 베드로에게 건네주어 내려온 것인데, 3대 후손 박원복(박인숙 수녀 부친) 빈첸시오가 장주교의 옷자락과 함께 기증하였다. 『오륜대 한국순교자기념관』, 1996, p.21.

◀ **상복** 조선 천주교 박해 당시 서양 선교사들이 밀입국할 때와 선교활동을 할 때 입고 다녔던 방갓 차림의 상복이다. 조선 관습상, 상복을 입은 사람에게는 말을 붙이지 않기 때문에 서양인의 신분을 감출 수 있는 가장 좋은 차림새였다. 1836년 최초로 입국한 모방 신부를 비롯하여 그 후 신앙의 자유를 얻은 1887년까지 우리나라에 들어오는 모든 서양 성직자들이 박해를 피하기 위해 입고 다녔던 구명(救命)의 제복(祭服)이었다. 『오륜대 한국순교자기념관』, 1996, p.20.

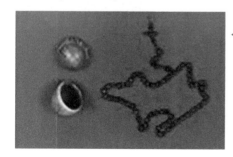

◀ **성 프티니콜라 박덕로 신부의 묵주와 묵주집** 프티니콜라(Petitnicolas, 1828~1866)박덕로 신부가 쓰던 묵주와 계란형 나무로 된 묵주집이다. 신부는 배론 신학교 재직 중에 체포되어 1866년 3월 새남터에서 순교하였다. 『오륜대 한국순교자기념관』, 1996, p.22.

## 3) 박해시대의 형구

돌형구와 당간지주, 대들보 사형틀, 곤장, 태형대, 행형도자(칼), 몽둥이(朱杖, 육모방망이) 등을 들 수 있다.

▲ **돌형구** 병인박해 때 법정외 형구로 목에 밧줄을 건 다음, 돌구멍에 꿰어 잡아당겨 죽이는 일명 <돌교수대>라고 부른다. 오륜대 한국 순교자 박물관 야외정원 (좌측은 박화진 촬영, 우측은 한국순교자박물관 제공허가)

◀ **대들보 사형틀** 흥선 대원군이 병인박해(1866－1873년) 때 특별히 만든 법외(法外)형틀구이다. 두 개의 대들보 같은 나무토막을 위에 매달고 하나는 그 아래에 놓아 신자들의 머리를 그 위에 두게 한 다음 위의 대들보를 내리쳐서 머리가 터져 죽게 하였다(1/4 축소 모조품) 『오륜대 한국순교자기념관』, 1996, p.47.

| 제3부 |

부산 · 영남지역
천주교 성지순례

# 1. 한국 천주교 교구와 성지순례지

## 1) 한국 천주교 교구와 성지순례지

한국 천주교회의 교구 분할도는 서울대관구(서울 대교구·인천교구·수원교구·의정부교구·원주교구·춘천교구·대전교구·평양†·함흥†), 대구대관구(대구대교구·부산교구·마산교구·안동교구·청주교구), 광주대관구(광주 대교구·전주교구·제주교구), 교황청직속 교구(군종·덕원자치 면속구†)의 4개로 나누어져 있다.

한국 가톨릭 교구에서 선정한 남한 지역 천주교 성지순례지는 2014년도 기준으로 111개 곳이 있다. 111개 곳의 성지순례는 서울대교구 10곳, 대구 대교구 7곳, 광주 대교구 4곳, 춘천교구 5곳, 대전교구 18곳, 인천교구 4곳, 수원교구 14곳, 원주교구 4곳, 의정부교구 4곳, 청주교구 3곳, 전주교구 11곳, 안동교구 6곳, 제주 교구 7곳, 부산교구 8곳, 마산교구 6곳으로서 그중에 부산을 중심으로 한영남 지역에 속한 각 교구의 순례지 분포는 다음 그림과 같다.

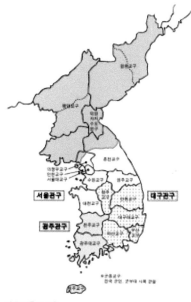

한국 천주교 교구

▲ 한국 천주교 교구 분할도

| | |
|---|---|
| 1 | 명례성지 |
| 2 | 세스페데스 공원 |
| 3 | 김범우기념성모동굴성당 |
| 4 | 울산병영장대 |
| 5 | 살티공소 |
| 6 | 언양성당 |
| 7 | 죽림굴 |
| 8 | 형제순교지 |
| 9 | 한티순교성지 |
| 10 | 신나무골성지 |
| 11 | 계산성당, 관덕정, 성모당, 복자성당 |
| 12 | 진목정 |
| 13 | 마원성지, 여우목, 진안리 |
| 14 | 신망고백비 |
| 15 | 홍유한고택지 |
| 16 | 우곡 |
| 17 | 신석복 마르코 묘 |
| 18 | 백대식 벡토리노 묘 |
| 19 | 구한선 타대오 묘 |
| 20 | 윤봉문 요셉성지 |
| 21 | 정찬문 안토니오 묘 |

▲ 부산·영남지역 천주교 성지 순례지도

## 2) 한국교구 성립이전의 천주교

1549년 예수회 선교사인 프란치스코 하비에르(Franciscus Xaverius, 1506~1552년)가 일본 가고시마에 상륙하여 복음을 전파하였다. 이후 일본에 온 예수회 선교사들은 조선에도 복음을 전파하려는 열망을 가졌지만 조선의 쇄국정책으로 이루어지지 못하였다. 일본이 임진왜란(1592년)을 일으킨 다음해인 1593년, 조선에 남아있던 일본군 사령관 고니시 유키나가는 당시 일본 예수회 준관구장 고메스(Pierre. Comez)신부에게 신부파견을 요청하였다. 그해 12월 28일 종군신부로 세스페데스(Gregorio de Cespedes, 1551~1611, 스페인) 신부가 한칸 레온(Hankan Leon) 수사와 함께 경상남도 웅천(熊川, 현재 진해)에 도착하였다.

세스페데스 신부는 1595년 4~5월까지 1년 반 남짓 경상남도 해안지역(특히 진해를 중심으로)에 머물면서 일본군 병사에게 성무활동을 하였다. 당시 여러 기록에는 조선인들에게 복음을 전파하려는 그의 노력이 실패한 것으로 나타난다. 즉 조선에 머물고 있는 동안 그가 성무활동을 하면서 만난 조선인은 일본에 노예로 팔려간 전쟁 포로밖에 없었다고 한다. 예수회에서는 이것으로 한국 천주교회의 기원으로 삼아야 한다고 주장하지만 세스페데스 신부가 직접 조선인을 선교했다는 사실이 실증적으로 증명되지 않는 이상 인정할 수 없으므로 한국 천주교회에서는 한반도에 천주교 복음이 전파되는 전제로서의 전사(前史)로 보고 있다.

## 2. 부산교구 성지와 순교사적지

현재 부산교구는 대구대교구에 속하는 교구로서 부산광역시와 울산광역시, 경상남도 일부를 사목 관할 구역으로 하는 교구(敎區)이 다. 주보는 로사리오 성모이다.

1801년의 신유박해(辛酉迫害)를 전후하여 경상도 지역에 천주교 신앙이 전파되기 시작할 때, 남부 지역에까지 복음이 전해졌는지는 분명하지 않다. 경상도 남부 지역의 복음이 확대된 것은 1839년의 기해박해(己亥迫害) 이후이다. 1866년의 병인박해(丙寅迫害)는 경상도 지역에서도 많은 순교자를 탄생시켰다. 1868년의 무진박해(戊辰迫害) 때, 경상도 남부에서 모두 11명이 순교하였다. 1887년 3월경에 로베르(Achille Paul Robert, 1853‒1922, 한국명 김보록 金保祿)[1] 신부가 대구(大邱) 본당을 설립하였으

---

1) 로베르(Robert, 金保祿) 신부는 파리 외방전교회 소속이다. 1853년 프랑스 오트 손(Haute‒Saone) 지방의 작은 마을에서 태어나 소신학교를 거쳐 1876년 12월 23일 사제서품을 받았다. 1877년 조선파견을 임명받아 파리를 출발, 베트남과 상해를 거쳐 7월 만주 차쿠(岔溝)에 머물면서 여러 차례 조선입국을 시도하다가 드디어 9월 23일 리델 주교 등과 함께 황해도 장연 앞 바다에 도착하여 선교활동을 시작하였다. 이후 로베르 신부가 황해도 및 경기도·강원도 등지에서 선교활동을 하다가 경상도 북부 칠곡(漆谷)의 신나무골[枝川面 蓮花里]에 정착한 것은 1885년이었고, 이때부터 이곳 교우촌은 경상도 지역에 파견되는 선교사들의 거점이 되었다. 1886년 대구 본당 설립과 함께 초대 주임으로 임명된 로베르 신부는 아직 박해의 여파가 남은 대구 읍내에서의 선교활동이 어렵다고 판단하여 1830년대부터 박해를 피해온 신자들이 모여 살던 칠곡군의 신나무골에 본당 거처를 임시로 잡았다. 그후 1887년 초에 일어난 대구 박해의 어려움을 겪은 후 1888년 장차 대구 읍내로 진출하기 위해 보두네(Baudounet, 尹沙勿) 보좌신부에게 신나무골을 맡기고, 새방골(新坊谷, 현 대구시 서구 죽전동·상리동)의 죽밭골[竹田]로 거처를 옮겼다. 1891년 전교에 힘쓰면서 본당 건립을 추진하던 로베르 신부는 그리스식 십자형의 한국 성당 건축사에서도 유일한 양식의 성당을 만들었다. 그러나 1901년 발생한 지진으로 제대 위의 촛대가 넘어지는 바람에 성당은 화재로 소실되고 말았다. 그래서 로베르 신부는 새 성당 건립을 계획하여 1902년 5월에는 2개의 종탑을 갖춘 라틴 십자형의 고딕 성당이 준공을 보게 되었다. 대구 최초의 서양식 건물로 현 계산 성당의 원형인 새 성당은 1903년 11월 1일 뮈텔(Mutel, 閔德孝) 주교의 집전으로 축성식

며, 1911년 4월 8일에는 조선 대목구에서 대구 대목구(大邱代牧區)가 분리 설정됨과 동시에 드망주(한국명 안세화) 주교가 초대 교구장이 되었다. 부산(釜山) 본당은 대구 대목구 소속이 되었다.

부산 본당은 1957년 1월 21일 대구 대목구에서 분리되어 부산 대목구를 설정하였으며, 최재선(세례명 요한) 신부가 초대 교구장으로 임명되었다. 1962년 3월 10일, 한국 천주교회에 교계 제도가 설정되면서 부산 대목구가 부산교구로 승격되고, 이후 교세와 사업 기관의 증가로 1966년 2월 15일 마산교구가 분리되었다.

1992년 5월 30일, 교황청으로부터 남천(南川) 본당이 새 주교좌성당으로 설정되어 기존의 중앙 본당과 함께 부산 교구 주교좌 성당이 2개가 되었으며, 관할구역은 부산광역시, 울산광역시(울산대리구), 경상남도 양산시, 밀양시와 김해시 일부지역이다. 부산 교구의 교세는 1997년 말 당시 본당 83개, 신자수 33만 5,560명, 성직자수 208명, 활동 수도회 34개, 의료 기관 5개, 사회 복지 기관 60개, 교육기관 10개이다.

2015년 말 기준으로 부산 교구의 가톨릭 신자 수는 447,563명으로서 교구 내 인구의 7.9%를 차지하고 있다. 본당 수는 124개로서 규모가 꽤 크기 때문에 관할 지역을 부산 11개 지구, 울산 3개 지구로 나누어 교구장 및 울산지역은 2010년부터 별도의 대리구장 신부를 임명하여 담당하게 하고 있다. 2018년 교구장 황철수 바오로 주교의 사임으로 손삼석 요셉 주교가 교구장 서리를 맡고 있다. 2015년 7월에 울산대리구청이 완공되었는데(위치는 울산광역시 중구 내약길 65-39), 울산대리구장은 권지호 프란치스코 신부이다.

---

을 가졌다. 이와 같이 수많은 고난을 겪으면서 대구교구의 기반을 다져온 로베르 신부는 건강을 해쳐 1920년 드망즈 주교에게 은퇴를 요청하고 일선에서 물러났다. 은퇴 후 대구 주교관에 머물면서 한국에서의 전교 활동에 대한 회고록을 작성하던 중, 1922년 1월 2일 사망하여 교구 성직자 묘지에 안장되어 있다.

## 1) 부산교구의 천주교 전래

### (1) 부산교구 성립이전의 천주교와 초기 성당

부산에서의 천주교는 조선후기에 이미 어느 정도 천주교인이 존재한 것으로 알려져 있다. 병인박해 당시 동래무관 이정식 요한(李廷植, 1795~1868), 이관복 야고보(이정식의 조카) 등을 포함한 수많은 천주교인이 교수형을 당하였다. 1866년(고종 23) 한불 조약 이후 천주교가 서서히 정착되어감에 따라 경상도에 신자가 늘어나고 경상도에 최초로 설립된 대구본당을 근거지로 삼고 로베르(Robet) 신부는 약 10개월간 경상도·충청도·강원도 일부까지 순회 전교를 하였다. 당시 경상도 남부 지역의 공소 25개 신자 수는 888명으로 늘어났다.

부산에서도 천주교가 뿌리를 내리게 되는데, 특히 부산은 외국과의 관문인 항구도시로 발전할 가능성이 높았다. 이에 조선 대목구장블랑(Marie Jean Gustave Blanc, 1844~1890, 한국이름 백규삼 白圭三, 프랑스출신, 서울대교구 제7대 교구장)2) 주교는 경상남도 일대를 관할하는 부산본당 설립을 결정하여, 가톨릭 부산본당이 1889년 경상도 교구(대구)에서 독립하여, 1890년(고종 27) 프랑스인 조조(Moyse jozeau, 한국명 조득하 趙得夏, 1866~1894년) 신부가 첫 사제로 부임하였다.

> ① 초대신부(부산 재임기간 1889~1893년) 조조 모이세(Moyse Jozeau, 조득하 趙得夏, 1866~1894년) 신부

조조 신부는3) 부산교구에 제일 처음 파견된 프랑스 외방전교회 소

---

2) 파리 외방전교회 소속 선교사로 1866년 12월 22일 사제서품, 1877년 4월 17일 조선대목구 부교구장, 1883년 7월 14일 주교 서품, 1884년 6월 20일 조선 대목구장, 1890년 선종했다.

속 신부로 1890년(고종 27) 24살의 젊은
나이로 부임하였다. 이때 절영도의 조내
기 공소(현재의 청학성당 수녀원 자리)에 임
시 포교소를 정하고 4년간 부산지방 신
자들의 목자로서 멀리 경남지방(동래, 울
산, 기장, 언양, 밀양, 김해, 진영, 진주, 고성, 함
안, 마산, 통영, 거제도)을 전교했다. 처음에
절영도의 김보윤(로무알도) 회장을 비롯
한 신자들이 조조신부를 맞이하려고 했
고, 신부도 이를 승낙하여 활동하였으
나, 절영도가 섬이라는 조건 때문에 사

▲ **부산 본당 제1대 조조 신부** 천주
교부산교구 범일성당, 『125년
의 역사 속으로(1889-2014)』,
2014, p.34.

목활동의 어려움을 느끼자 곧바로 부산의 초량에 대지를 구입했다. 이
듬해 7월 초량으로 이주하여 곧바로 공사를 시행하려 했으나, 매매 등
여러 문제로 인해 1892년 봄 이후에야 성당 공사를 시작했다. 하지만
본당 사제관 공사를 마무리 짓지 못하고, 1893년 4월 후임 우도(Oudot)
신부에게 인계하고 전라도 배재 본당으로 전임되었다. 1894년 동학 농
민 전쟁으로 본당이 많은 피해를 입었고, 조조 신부는 주교에게 도움
을 청하러 상경하던 중 공주 금강 장기 나루터에서 청나라군에게 28살
의 나이로 살해되고 말았다(1894년 7월 29일). 조조 신부는 타국인 한국에
서 자신이 원했던 전교의 성과를 거두지는 못했지만, 부산에서 4년간
의 사목활동으로 경상남도 복음화의 초석을 마련하였다.

---

3) 조조 신부는 1866년 2월 9일 프랑스에서 출생하여 1888년 9월 22일 파리 외방전
교회에서 사제서품을 받고 1889년 2월 16일 서울에 도착하여 1889년 부산본당 신
부로 임명을 받았으나 박해의 여파로 바로 부임하지 못하고 이듬해 1890(고종 27)
년 부임하였다. 1894년 청국군에게 피살되어 1895년 4월 서울 용산 삼호정에 안
장되었다.

② 제2대(부산 재임기간 1893~1898) 바오로 우도신부(Paulus Oudot, 한국명 오보록 吳保綠, 1865~1913년)

후임으로 온 바오로 우도 신부는[4] 1893년(고종 29)부터 1898년(고종 35)까지 부산에서 전교활동을 하였으며, 1898년 우도 신부가 북천공소(경상남도 하동군 북천면 옥단로 140-8, 옥정리 630)를 방문한 기록이 있다. 우도 신부는 서부 경남과 거제도 그리고 부산·양산·울산으로 흩어진 공소들이 너무나 많았으므로 일 년의 절반 이상을 판공성사를 위해 본당을 비워야 했었다. 재임 중

▲ **부산 본당 제2대 우도 신부** 전게서, p.35.

동학 농민 전쟁과 청일전쟁을 겪었으며 1898년 황해도 매화동으로 전임되어 황해도 지방 포교거점을 마련하는 기초를 이룩하였다.

③ 제3대(부산 재임기간 1898.4~1899.6) 타케 에밀신부(Emile Joseph. Taquet, 한국명 엄택기 嚴宅基, 1873~1952년)

1898년 에밀 타케 신부가[5] 바오로 우도 신부의 후임으로 부산에 파

---

4) 1865년 4월 8일 프랑스에서 출생하여 1888년 9월 22일 사제품을 받아 1890년 10월 24일 조선에 입국하여 1891년 전라도에서 전교하다가 1893년 부산 본당 제2대 신부로 부임하였다. 1913년 10월 31일 선종하여 황해도 매화동 성당 뒷산에 안장되었다.

5) 캉브레(Cambria) 교구 노르(Nord)지방 케누아(Quesnoy)지역 에크(Heck)에서 1873년 출생했다. 삭발례를 받지 않고 1892년 9월 23일 파리 외방전교회 신학교에 입학하여 1897년 9월 27일 사제품을 받아 조선으로 파견되었다. 1898년 1월 5일 서울에 도착하여, 1898~1900년까지 낙동강 서쪽에 있는 경상남도 남부 전역 포교를 담당하였다. 드디어 1899년 6월 성신강림 축일 전날 교우들의 환영을 받으며 진

▲ **타케 에밀 신부** 전게서, p.36.

견되어 1899년까지 2년간 전교활동을 하였다. 한편 경상남도 진주는 1895년 진주부 승격 이후 관찰사가 거주하는 경남의 중심 도시이었다. 따라서 진주 지역 신자들은 기회 있을 때마다 진주에 신부를 모시길 원하였고 1897년 11월경엔 집 한 채를 마련하여 이를 주교께 보고하고(뮈텔 문서 1898-147), 1898년 7월 21일자로 뮈텔 주교에게 탄원서를 내어 신부 한 분을 보내 주길 기원하며 신부 영입 운동을 펼쳤는데(뮈텔 문서 1897-151), 장재·문산·삼가·원당·곤양 공소 등이 중심이었다. 이를 알게 된 부산본당의 에밀 타케 신부는 진주본당의 신설을 역설하면서 자신이 진주에 갈 것을 자원하게 된다.

주에 부임한 타케 신부는 교우들이 장만한 집 이웃에 3백 냥을 주고 또 다른 집을 매입하여 옛집은 성당으로, 새집은 사제관으로 개조하여 거주하였다. 그러나 진주에서도 타케 신부는 1년밖에 머물지 못했는데 그동안 여러 사건을 겪었다. 우선 그가 부임하자 교우들과 주민들은 매우 환영하였다. 특히 주민들은 서양인이 오니까 관의 횡포를 막아줄 것이란 기대감을 갖고 있었다. 그러나 지방의 망나니들과 아전들은 노골적으로 반대하며 신부를 괴롭혔다. 타케 신부가 뮈텔 주교에게 보낸 1899년 7월 28일자 편지에 의하면 아전들이 범죄자를 잡는다는 구실로 사제관을 침입하여 난동을 부린 사건도 있었고 신부를 도와 복사일을 보던 김윤중이란 사람이 부랑배와 합세하여 사기를 치다 관헌에 잡혀 교회의 체면을 깎는 사건이 발생하기도 하였다(뮈텔문서 1899-196). 여하튼 진주에서 1년을 보낸 타케 신부는 여러가지 이유로 인하여 타케 신부는 본당 이전을 결심하고 후보지 물색에 나섰다. 처음에는 소촌공소(지금의 문산본당)를 생각했지만 결국 마산으로 본당을 옮기게 된다. 부임한지 1년만에 여러가지 사정으로 마산으로 본당을 옮기게 되고 진주는 다시 공소로 남게 되었다. 한국에서 선교생활을 계속하다가 1952년 1월 27일 선종하여 대구교구청 묘지에 안장되어 있다.

④ 제4대 신부(부산 재임기간 1899.6~1900.7) 드망즈 플로리앙 장
바티스트 신부(Florian Demange, Jean Baptiste, 한국명 안세화 安世華,
1875~1938)

드망즈 신부6)의 세례명은 플로리앙,
한국명은 안세화(安世華)로서 초대 대구
대목구장을 지냈다. 그는 조선교구 선
교사로 임명돼 1898년 10월 8일 한국에
입국하여, 입국 이후 조선어와 풍속을
익히고 1899년 부산본당 신부로 임명
돼 1900년까지 부산지역의 전교활동을
담당하였다.

1900년 9월 용산 예수성심신학교 교
수로 전임되어 이후 약 6년간 신학교

▲ **드망즈 신부** 전게서, p.37.

에서 한국인 성직자의 양성을 위해 노력했다. 그가 1911년 4월 교구장
임명부터, 선종하기 불과 몇 개월 전인 1937년 12월까지 기록하였던
<드망즈 주교 일기(Journal personnel de Mgr. F.Demange)>는, 조선사목 생활

6) 드망즈 신부는 1875년 4월 25일 프랑스 스트라스부르 교구 바-랭 소쉬르 지방에
서 태어나 파리로 이주해 생 니콜라 뒤 샤르도네 소신학교, 파리 가톨릭대학, 파
리 국립대학 등에서 공부했다. 1895년 파리 외방전교회 신학교에 입학해 신학을
전공, 1898년 6월 26일 사제품을 받았고 조선으로 파견되어 1898년 10월 8일 서울
에 도착했다. 이어서 1899년 4월 부산으로 발령받아 소성당을 증축하고 성체를
보호할 수 있도록 개조하였으며 여러 공소들을 순회하면서 피로가 겹쳐 건강을
해쳐 고생하자 조선대목구장 뮈텔 주교는 그를 부산 본당 주임직을 면하고 대신
에 용산 대신학교 교수로 임명하여 라틴어와 신학 등을 가르치게 하였다. 1906년
뮈텔 주교는 드망즈 신부에게 조선어로 된 천주교 신문을 창간하도록 요청하여,
즉 경향신문의 편집 등을 맡아 대중들로부터 크게 환영을 받았다. 일제 강점기에
경향신문은 정간되고 대신에 경향잡지가 매월 발간되었으며 후일 한국주교회의
의 공식적 기관지가 되었다.

중의 26년 동안에 이르는 기록을 담고 있는데, 프랑스 원문의 총 면수만 1,307쪽에 다다르며 일기와 함께 사진자료까지 수록돼 있다. 일기에 사진까지 곁들여져 있는 경우는 매우 드문 일인데, 사진 또한 800매에 달한다는 사실은 매우 놀라운 일이다. 드망즈 주교가 남긴 사진과 일기는 일제시대 교회사의 빈곤한 자료를 보완하는 역할을 하고 있다.

⑤ 제5대 신부(부산 재임기간 1900.7~1902.9) 쟝 로 신부(Jean Rault, 한국명 노약망 盧若望, 1860－1902)

▲ 제5대 쟝 로 신부 전게서, p.39.

쟝 로[7] 신부는 파리 외방전교회 소속으로 국적은 프랑스이며 1886년 9월에 사제서품을 받고, 이후 파리에서 출발하여 1886년 12월 1일 조선에 입국하여 이후 조선에서 활동하였다. 1900년 7월 16일에 부산본당 제5대 주임신부로 부임하였다. 전임 드망즈 신부의 계획을 실천하여 부산 본당 소재지를 초량 3동 47번지(현, 초량 정발 장군 동상 우측)로 이전하여 부산 최초의 성당을 건립하고 1902년 콜레라 전염병 환자에게 병자성사를 주다가 전염되어 동년 9월 13일 초량동 본당에서 선종하여 대구 성직자 묘역에 안장되어 있다.

---

7) 쟝 로 신부는 1860년 11월 25일 프랑스 에농(Hénon)에서 출생하여 1883년 파리 외방전교회 신학교에 입학, 1886년 9월 26일 사제품을 받고 1886년 한국에 들어와 황해도 장연에서 사목활동을 시작하여 4개 공소를 설립하였다. 1889년 수원관할 덕골에 정착하였다가 1893년 원산 본당을 거쳐 용산 신학교 지도신부를 하면서 사목과 종교 교육을 위한 학교 건립에 힘썼다. 부산에서 콜레라에 감염되어 세상을 떠났다(1902.9.13).

⑥ 제6대 신부(부산 재임기간 1902~1909) 르 장드르 루이 가브리엘 아르센 앙브르와즈(Le Gendre Louis Gabriel Arsène Ambroise, 한국명 최창근 崔昌根, 1866~1928)

르 장드르 신부[8]는 1889년 6월 29일 프랑스 쿠탕스 교구에서 사제서품을 받아 1890년 9월 12일 파리 외방전교회에 입회하고 조선대목구로 파견되었다. 그는 1891년 9월 2일 파리를 떠나 그해 10월 29일 조선대목구 서울에 도착해, 1901년부터 황해도 지역 사목을 담당하였다. 1902년 부산 본당에 제6대 부산 본당 신부로 부임하여 초량을 중심으로 경상남도 동부 지방 전체로 포

▲ 제6대 르 장드르 신부 전게서, p.40.

교활동을 넓혔다. 1909년 후임자 줄리앵 신부에게 부산 본당 업무를 넘겨주고 경기도 지역 사목활동에 전념하다가 1928년 4월 21일 서울에서 선종하여 현재 용산 성직자묘지에 안장되어 있다.

⑦ 제7대 신부(부산 재임기간 1909~1915) 줄리앵 마리우스 클로드
(Julien Marius Claude, 한국명 권유량 權裕量, 1882~?)

줄리앵 신부[9]는 소품을 받고 1903년 2월 19일 파리 외방전교회 신학

---

8) 르 장드르 신부는 1866년 12월 13일 프랑스 쿠탕스 교구 영불해협 지역 뒤세에서 출생하였다. 생가 인근의 수사들이 운영하는 학교에서 초등학교를 마치고 1878년 10월 모르탱 근처 아베이에 블랑슈 소신학교에 입학했다. 1884년 10월 쿠탕스 대신학교에 입학하여 1889년 6월 29일 쿠탕스 교구사제로 서품을 받아 테이엘 본당 보좌신부로 임명되었다. 사제 서품 1년 후 그는 파리 외방전교회 입회를 신청하여 1890년 9월 12일 입회했다.

교에 입학해 1904년 12월 17일 사제품을 받았다. 조선으로 파견되어 1905년 4월 16일 파리를 떠나 6월 15일 서울에 도착했다. 조선어 공부를 한 뒤 진주로 발령받았는데, 몇 년 전 타케 신부가 실패한 진주 본당 설립을 시도하기 위해서였다. 줄리앵 신부는 상주하는 마을에서 상당히 넓은 땅과 작은 집 몇 채를 얻었는데 경상남도 진양군 문산면 소문리, 속칭 소촌에 있는 문산본당이 되었다. 문산 본당의 설립

▲ **줄리앵 신부** 전게서, p.41.

기반을 다지는 동시에 문산 남쪽에 공소들을 많이 세웠다.

1909년 부산으로 부임하여 르 장드르 신부의 후임이 되었다. 1911년 그와 그의 부산 본당은 신설된 대구대목구에 소속되었다. 당시 부산 본당에는 32개의 공소가 있었으나 부산 도심에서는 성인 영세자를 15명밖에 얻을 수 없었다. 1912년 드망즈 주교가 부산에 견진성사를 베풀기 위하여 방문하였을 때 줄리앵 신부는 예상했던 후보자 수의 두 배를 그에게 제시할 수 있었다. 그리고 1915년 대구 성유스티노신학교 교수로 전임하여 부산을 떠나게 되었다.

⑧ 제8대 신부(부산 재임기간 1915~1923) 페셸 르네(Peschel René Ferdinand)

페셸 신부[10]는 1912년 파리에서 출발하여 1913년 1월 30일 대구대목

9) 1882년 5월 2일 프랑스 클레르몽―페랑교구 퓌 드 돔 지방 쿠르피에르에서 출생했다. 1903년 2월 19일 파리 외방전교회 신학교에 입학하여, 1904년 12월 사제품을 받았으며, 조선으로 파견되었다.
10) 페셸 신부는 바이외Bayeux교구 칼바도스Calvados, 비냐츠Vignats에서 1887년 7월

▲ 르네 페셀 신부 전게서, p.42.

구로 부임했다. 1914년 10월 개교를 앞둔 대구신학교 교수로 임명되어 안대동을 떠났으나 가을까지의 긴 휴가를 이용하여 경주 공소를 관리하였다. 경주 교우촌은 부산 본당의 공소였는데, 12년 뒤에 본당이 되었다(현, 경주 성동성당).

1915년 부산본당에 28살이라는 젊은 나이로 부임해 1916년 5월 부산 본당을 초량에서 범일동으로 이전하고 '부산진 본당'이라고 명칭을 변경하고 문맹자 퇴치를 위하여 간이강습소(목조 50평)을 설치하는 등, 1923년까지 부산의 전교 활동에 전념하였다. 1924년에는 교수직을 사직하고 신학교를 떠나 다시 시골의 주임신부가 되어 전라북도 정읍군 내장면 신성리에 상주하면서 이후 조선에서 많은 선교 활동을 하다가, 1932년 8월 31일 파리로 귀국한 이후 조선으로 다시 돌아오지 않았다. 그 후 선교사를 그만두고 파리 외방전교회를 탈회하여 1934년 망슈Manche 지방 브리쿼벡Bricquebec에 있는 트라피스트Trappistes 수도원에 들어갔다. 그는 1945년 역시 망슈 지방에 있는 포르-뒤-살뤼Port-du-Salut의 트라피스트 수도원 본원에서 수사신부 제롬Père Jérôme이라는 이름으로 서원을 하였다. 그는 1972년 5월 12일 트라피스트 수도원에서 선종하였다.

---

9일 출생했다. 1911년 6월 29일 바이외 교구에서 사제품을 받아, 동년 9월 12일 파리외방전교회에 입회하였다.

⑨ 제9대 신부(부산 재임 기간 1923.8.28.~1924.10.24) 서정도 베르나르도 신부(1899~1964).

▲ 서정도 베르나르도 신부 전게서, p.29.

서정도 베르나르도 신부는 신학생 시절 1919년 3·1독립운동에 참여하였으며 부산 본당에서의 재임 이후, 안동의 목성동 초대신부(1937년 6월) 및 경남의 고성성당 초대신부(1939년 5월)를 역임하였다. 특히 경남 진주의 문산성당 주임신부의 시절, 무두묘(無頭墓) 이야기를 듣고 순교자 정찬문 안토니오(1822~1866년, 124위 시복시성 추진 대상자 중의 하나임)의 무덤을 발견하였다.

⑩ 제10대 신부(부산재임기간 1924.10.26.~1928.5.21) 델랑드 루이 레옹(Deslandes Louis Léon, 한국명 남대영 南大榮, 1895~1972.11.17.)

▲ 델랑드 신부 전게서, p.43.

델랑드 신부는 프랑스 쿠탕스 교구 생 틸레르 뒤 아르쿠에 인근 파리니에서 1895년 6월 13일 출생했다. 파리니에서 초등학교 교육을 마치고 본당의 보좌 신부와 함께 1년간 라틴어를 공부한 뒤 1909년 교구의 소신학교에 입학, 1914년 교구의 대신학교에 들어갔다. 1921년 파리 외방전교회에 입회하여 1922년 12월 23일 사제품을 받고 대구대목구로 파견되어 1923년 4월 파리를 떠나 그해 6월 대구에 도착했다. 교구청에서 6개월간 조선어를 공부한 뒤 1924년 1월 낙산본당(대구 왜관읍 소재)의 임시 주임 신부가 되었다가 1924년 10월 대도시 부산의 유일했던 본당의 주임신부가 되어 1928년 봄까지 재임했다. 그 후 교구의 총무부장 보좌로 임명되었다가 얼마 안 있어 대구교구청 옆에 위치한 남산동 성 요셉본당의 주임신부가 되었다.

1933년 진료차 프랑스로 돌아갔던 그는 1934년 대구 동쪽 영천군 화산면 용평 본당의 주임신부로 임명되었으며 1935년부터 그의 여생을 대표할 자선사업을 시작했다. 희생정신을 갖춘 가난한 동정녀들 몇몇을 모은 후 '포항 예수성심시녀회' 및 '성모자애원' 등의 자선사업을 위한 긴 준비작업을 '삼덕당'이란 이름으로 시작했다. 그의 조금 앞당겨 기념했던 사제수품 50주년 금경축 며칠 후인 1972년 11월 17일 기상 직후 선종하여 현재 '예수성심시녀회' 구내에 안장되어 있다.

⑪ 제11대 신부(부산 재임 기간 1928.5.21.~1938.5.15) 뷜토 조제프 콩스탕 밥티스트(Bulteau Joseph Constant Baptiste, 한국명 오필도 吳弼道, 1901.11.15~1951.1.6)

뷜토 신부는 1901년 11월 15일, 뤼송교구 방데의 레 브루질에서 출생했다. 뤼송교구의 소신학교에서 중등교육을, 대신학교에서 철학 공부를 마친 후 1924년 9월 12일 파리 외방전교회에 입회하여 1927년 6월 29일에 사제품을 받았다. 대구대목구로 발령받아 1927년 9월 18일 파리를 떠났다. 한국에 들어와 몇 달 동

▲ 뷜토 신부 전게서, p.44.

안 한국어를 공부한 후 대구 병원에 잠시 머물다가, 델랑드 신부의 후임으로 1928년 5월에 부산의 부산진 본당 주임 신부로 임명되었다. 그당시 부산진성당은 부산의 유일한 본당이자 경상남도 동부지역의 유일한 본당이기도 하였다.

뷜토 신부는 1929년에 유치원과 초등학교를 설립하여 백여 명의 학생들을 받아들였다. 1932년에는 일본으로 이주한 그의 본당 신자들을 방문하기 위해 일본에 갔었다. 또한 1932년 부산진 본당이 분할되어 영도에 청학동 본당을 설립되었다. 1935년 뷜토신부는 그의 본당에서 150명의 영세자를 배출하였다. 1938년에는 프랑스로 일시 귀국하여 의학공부를 마치고 다시 한국으로 돌아와 1950년 대전 공세리본당 주임을 맡아 의료활동을 하던 중 한국전쟁 당시 북한으로 끌려가 1951년 북한 중강진 하창리 수용소에서 선종하였다.

⑫ 제12대 신부(부산 재임기간 1938.5.18~1939.7.30) 를뢰 피에르 카를로스(Leleu Pierre Carlos 한국명 노 盧, 1909.11.3.~1950.9.26)

를뢰 신부는 캉브레 교구 오르키에서 1909년 11월 3일 출생했다. 그는 중등학교 교육을 생 미셸 드 솔렘 소신학교에서 받았다. 삭발례를 받지 않고 1928년 9월 12일 파리 외방전교회신학교에 입학했고 1929~1930년 기간에 군 복무를 마친 후, 1936년 12월 19일 사제품을 받았다. 조선의 대구대목구로 파견된 그는 1937년 4월 12일 파리를 떠나 5월 27일 대구에 도착했다.

▲ **를뢰 신부** 전게서, p.45.

그는 조선에 도착하자마자 왜관으로 가서 리샤르(Richard) 신부 곁에서 조선어 공부를 시작했고 1938년 프랑스로 휴가를 떠난 빌토 신부를 대신하여 부산 본당에 부임하여 1939년 7월 30일까지 약 1년 3개월여 동안 재임했다. 그 후 1939년부터 1943년까지 왜관 본당의 주임을 맡았으며 1943년 5월 26일부터 1948년 5월 8일까지 대구 비산동 본당 주임을 맡았다. 한편 1945년 4월과 8월 사이에 선교사들 대다수와 함께 대구 남산동 성요셉본당에 가택 연금을 당했었다. 광복 이후 1948년 프랑스에 갔다가 1949년 4월 말 한국에 돌아왔다. 한국전쟁 중의 1950년 9월 26일 인민군에게 피살당하고 말았다. 2003년 4월 11일 대전신학교 성직자 묘역에 안장되었다.

⑬ 제13대 신부(재임기간 1939.8.1~1943.3.1) 베르트랑 쥘(Bertrand Jules 한국명 한성년 韓聖年, 1897.8.24~?)

베르트랑 신부는 쿠탕스 교구 망슈 르 로젤에서 1897년 8월 24일 출생했다. 그는 세관원이었던 아버지가 퇴직했던 덴빌에서 초등교육을 받고, 이어서 빌디외 중학교에서 중등교육을 다녔다. 1916년 제1차 세계대전에 징집되어 참전했고 1919년 8월 제대한 이후 쿠탕스 대신학교에 입학하여 삭발례를 받았다. 1922년 9월 15일 파리외방전교회 신학교에 입학하여 1925년 6월 6일 사제품을 받은 후 대구대목구로 파견되어 그해 9월 21일 파리를 떠나 11월 대구에 도착했다.

한국에 들어와 조선어를 조금 공부한 다음 전주의 라쿠르츠(Lacrouts) 신부의 보좌로 부임하여 본당 소속 28개 농촌 공소의 사목을 맡아 자갈투성이 시골길을 오토바이를 타고 차례로 순회하였다. 일본으로 강제 징용된 다수의 조선 노동자들의 사목을 위해 1932년 도쿄 미토 지역

▲ 베르트랑 신부 전게서, p.46.

▲ 서정길 신부 전게서, p.50.

으로 파견되었다. 1935년 조선으로 다시 돌아와 대구교구청의 교구장 비서 겸 교구 경리부장을 겸직했다. 건강상의 문제로 1936년 2월 프랑스로 갔다가 1937년 3월에 조선으로 재입국하였으며 1939년 8월부터 1943년 3월 1일까지 항구도시 부산 영도의 청학동 성당에 부임하였다. 1945년 4월부터 8월까지 대구 교구청 인근 남산동 성요셉본당에 다른 다수의 선교사들과 함께 가택연금을 당하였다. 일제 패망 이후, 다시 한 번 1945년 부산 영도의 청학동 성당으로 부임하여 1947년까지 재임하였다.

이리하여 1889년 이후 일제강점기까지 부산본당에 프랑스인 신부가 부임하다가 1943년 한국인 서정길 요한 신부가 부임하여 활동하던 중 해방을 맞이하였다. 해방 후 자주적이고 미래지향적인 부산교회 사업을 시도하였는데, 그중의 하나가 1948년 부산 중앙본당의 설립이었다. 한국전쟁 이후 1957년 부산교구(釜山敎區)의 발족으로, 교세 또한 3만여 명으로 성장하였다.[11]

11) 『교구 30년사』(부산교구사편찬위원회, 1990) ; 『청학성당 80년사』(천주교 부산교구 청학성당, 2012) ; 『부산 선교 90년사』(천주교 범일성당, 1979) ; 김종이, 『부

(2) 광복이후의 부산교구

1945년 8월 15일의 광복이전, 부산지역의 성당은 부산진 성당과 청학성당 2곳 밖에 없었다. 특히 광복과 함께 해방을 맞이하여 귀환한 동포들이 주거와 식량문제 등으로 극심한 어려움을 겪고 거리에 고아들이 범람하는 것을 보고 부산진 성당의 정재석 신부는 본당 구내에 소화보육원을 설립하고 1951년에는 고아들의 치료를 위한 데레사의원을 개설하였으며 현재 소화영아재활원으로 운영되고 있다.

그리고 신자들이 급증하면서 1948년 중앙성당을 설립하였다. 1950년 한국전쟁이 발발하자 수많은 피난민과 함께 신부, 수녀, 신학생들도 남하하여 부산 본당은 피난민 수용소이자 전국 교회의 중심이 되기도 하였다. 1951년 부산지역 천주교 신자의 급증으로 초량성당을 비롯하여 동래성당, 동항성당, 광안성당, 구포성당, 서면성당, 대연성당, 수정성당을 직접 분할하였다.

1956년 부산교구 설정과 동시에 주교좌 성당이 대청동 중앙성당으로 결정되고 1957년 1월 21일 부산교구가 설립되었다. 초대 부산교구장은 최재선 사도요한 주교(1957.1.21.~1972.3.29)를 비롯하여 제2대 이갑수 가브리엘 주교(1972.3.29~1999.8.27), 제3대 정명조 아우구스티노 주교(1999.8.27~2007.11.21), 제4대 황철수 바오로 주교(2007.11.21~2018.8.18), 제5대 손삼석 요셉 주교(2019.6.4~) 시대를 맞이하고 있다.

현재 천주교 부산 교구의 관할구역은 부산광역시와 울산광역시, 경상남도 일부 등이며 2000년 부산평화방송 라디오방송국을 개국했다. 주보성인(主保聖人), 즉 성당이 보호자로 받드는 성인은 동정녀 마리아이

산 본당의 설립에 대한 고찰』, 2011, 부산가톨릭대학교 ; 한국향토문화전자대전, 한국학중앙연구원 참조.

며, 매년 10월 7일의 '묵주기도의 동정 마리아 기념일'을 '교구 수호축일'로 지키고 있다. 일본 히로시마, 필리핀 이판타 교구 등과 각각 자매결연을 맺고 있으며, 종합 복지시설(15곳), 아동 복지시설(11곳), 청소년 복지시설(14곳), 노인 복지시설(36곳), 장애인 복지시설(13곳), 여성 복지시설(3곳), 나환자(정착마을) 복지시설(2곳), 행려자 복지시설(4곳), 급식소(9곳), 다문화 복지시설(3곳) 등을 통해 다양한 봉사 활동을 벌이고 있다.

## 부산 본당의 재임 신부

| 번호 | 이름 | 재직 연도 | |
|---|---|---|---|
| 1 | 조조 모이세(1866~1894) | 1889-1893 | |
| 2 | 바오로 우도(1865~1913) | 1893-1898 | |
| 3 | 타케 에밀(1873~1952) | 1898-1899 | |
| 4 | 드망즈 플로리앙(1875~1938) | 1899-1900 | 드망즈 주교 일기 |
| 5 | 쟝 로(1860~1902) | 1900-1902 | 콜레라 감염 사망 |
| 6 | 르 장드르(1866~1928) | 1902-1909 | |
| 7 | 쥘리앵(1882~?) | 1909-1915 | |
| 8 | 르네 페셸(1887~1972) | 1915-1923 | |
| 9 | 서정도 베르나르도(1899~1964) | 1923-1924 | |
| 10 | 델랑드 루이 레옹(1895~1972) | 1924-1928 | |
| 11 | 뷜토(1901~1951) | 1928-1938 | |
| 12 | 를뢰(1909~1950) | 1938-1939 | |
| 13 | 베르트랑(1897~?) | 1939-1943 | |
| 14 | 서정길 요한(1911~1987) | 1943-1945 | |
| 15 | 정재석 요셉 | 1945-1952 | |
| 16 | 이성만 이냐시오 | 1952-1954 | |
| 17 | 서정길 요한 | 1954-1955 | |
| 18 | 정재석 요셉 | 1955-1957 | |

(3) 부산 지역의 초기 성당

① 청학성당

청학성당은 부산교구 지역에서 처음으로 본당이 설립되고 사제가 거처한 곳으로, 한국의 근현대 역사를 거쳐 온 성당이다. 조조 신부가 1890년 봄에 절영도성당에 초대 주임으로 임명되었으니 이것이 경상남도 지역 최초의 본당이 되었다. 조조(Moyse jozeau, 한국명 조득하 趙得夏) 신부는 지금의 청학성당 수녀원 위치에 초가 한 채를 지어 임시 성당으로 사용하면서 약 3년간 경상남도 전 지역에 전교 활동을 하였다. 후임으로 온 바오로 우도 신부가 1893(고종 30)부터 1898년(고종 35)까지 전교활동을 하였는데, 절영도는 섬이라는 한계 때문에 육지로 나가서 전교 활동을 하는데 여러 가지 어려운 점들이 발생하였다. 이어서 타케 에밀 신부가 1898년부터 1899년까지, 드망즈 플로리앙 신부가 1899년부터 1900년까지, 쟝 로(Rault Jean Louis, 한국명 노약망 盧若望) 신부가 1900년부터 1902년까지 부산에서 전교활동을 펼쳤다.

한편 쟝 로 신부가 초량3동(현 초량 입구 정발 장군 동상 오른편 부근)으로 본당을 옮겨 이름도 초량성당으로 명칭을 변경하여 전교 활동을 하였다. 이에 청학동 성당은 공소(조내기 공소)가 되어 버렸다. 1907년에 청학동에 공소 경당 및 강당이 건립되었으며, 1932년 10월 30일 초대 주임 신부로 김선배(사도 요한)가 부임하면서 본당으로 승격되어 청학성당이 되었다.12) 광복(1945년 8월 15일) 이전에는 섬이라는 지역적 특성 때문에

---

12) 영도 지역의 성당은 개항기 한국, 일제 강점시기와 광복 이후, 한국전쟁, 공업화 성장의 과정에서 영도 지역의 수산업과 조선업 발전의 길을 함께 걸었다. 신앙의 역사 안에서 한국 근현대 역사는 물론 부산교구의 발자취를 보여준다. 그리하여 청학성당에서 신선성당, 봉래성당, 태종대성당이 분가되어 설립되었다. 1990년대 이후, 영도 지역의 수산업과 조선업 쇠퇴로 인하여 역동성을 잃어 가

발전하지 못하고, 대개 병이 있는 신부의 휴양을 위한 성당이 되었다.

② 초량성당 (위치 : 초량 2동 945번지)

1890년대 초 당시 부산은 개항장으로 사람들의 왕래가 많았고, 선교
사들의 해외 활동을 위해서는 부산을 거쳐야 했다. 지리적으로도 부산
항 인근에 성당을 건립하는 것이 유리했을 것으로 천주교 부산교구는
분석하고 있다. 이에 조조 신부는 선교 활동 근거지를 부산 중심지로
이전할 계획을 세우고, 부산포 초량에 성당 부지를 매입했다. 1892년
봄, 조조 신부가 초량 부지에 성당 공사를 시작했다. 이듬해인 1893년
에 우도 신부가 새로 파견됨에 따라, 우도 신부에 의해 1893년 8월에 부
산지역 최초의 성당인 부산본당(초량성당)이 완공되었다. 부산본당은
본당의 설립 이후 1926년, 경주와 언양으로 본당의 분리가 이루어지기
까지 부산지역에 설립된 유일한 본당이었다. 한편 초량성당은 1916년
범일동(부산진 본당)으로 이전하기까지 부산·경남 일대의 사목 중심지
역할을 하였다.

③ 범일성당 (위치 : 범일 1동 1317 − 1)

1916년 5월 8대 페셸 신부(Peschel, 한국명 백학노 白鶴老)가 범일동[현재 범
일동성당 위치]으로 이전하여 목조 성당을 건축하고 부산진본당이라고

---

는 바람에 청학성당도 지역 복음화 및 사목활동에 어려움을 겪고 있다. 그러나
본당 80주년을 분기점으로 삼아 과거를 성찰하고 현재를 인식하며 새로운 미래
를 준비하는 데 주력하고 있다. 청학성당의 위치는 부산광역시 영도구 청학 2동
196번지(영도구 태종로 340)이다. 1957년 건립된 절충주의 양식의 청학성당 본
당은, 축조 당시에 대지의 형태와 주변 조건에 의해 배치가 결정되었고, 공간 구
조는 교회의 초기 바실리카 양식이다.

명명하였다. 1928년에 완전한 벽돌조 성당으로 증개축을 하였고, 개항기와 일제강점기 성당 건축과 이전은 교회의 새로운 발전의 기틀을 만들었고, 부산지방 '천주공교협회'를 창립하여 평신도 활동을 체계화할 수 있게 되었다.

이곳은 1960년대 초까지는 교세가 증가하였으나 재정적인 어려움으로 성당 신축이 계속 지연되다가 1964년 앨빈(Alwin) 신부의 설계에 의해 1965년 12월 말 성당을 완공하고 1966년 범일성당으로 개칭하였다. 45년간 버텨온 성전의 누수와 누전 등으로 인해 2009년 12월부터 리모델링을 시작하여 2010년 10월에 완공하였다.

### (4) 부산대목구 설립과 부산교구

#### ① 부산대목구 설립

로마 교황청은 '경상남도 감목대리구' 설립신청서를 접수한 후, 한국 교회에 교구 설정을 위한 지침을 내렸다. 그 결과 1957년 1월 21일자로 교황청 주교성성을 통하여 교황의 대목구 인가 지시가 내려졌다. 이때 인가된 정식 명칭은 '부산대목구' 즉 부산교구이었다. 2월 3일자로 부산교구 초대 교구장으로 최재선(요한) 신부가 임명되었고, 동시에 푸살라(Fussala, 없어진 교구, 현 알제리의 Mouziaia 지역으로 간주 됨)의 명의주교가 되었다. 이때 광주지목구와 전주지목구가 대목구로 승격되었다. 설립 당시 교구 관할 구역은 부산을 비롯하여 경상남도 전역의 6개 시 20개 군이었으며, 본당은 28개, 신자 수는 6,400여 명이었다.

1957년 3월 7일 임명장을 받은 최재선 주교는 곧바로 계산동 본당 주임신부와 대건중고등학교 교장을 사임하였다. 3월 19일 부산교구 내 인사이동을 단행하여, 5월 1일 최재선 주교는 대구교구장 서정길 주교와 함께 부산에 도착하여 경상남도 감목대리가 있었던 부산진 성당으로 가지 않고, 장차 주교좌 성당이 될 대청동 성당으로 갔다.

1957년 5월 30일 예수 승천 대축일, 대청동 성당에서 최재선 주교의 성성식이 거행되었다. 이날 주례는 교황사절 직무 대리 퀸란 토마스 주교(Thomas Quinlan, 1896~1970)가 맡았고, 서울교구장 노기남 주교와 대구교구장 서정길 주교가 증인으로 전례에 참석했다. 성성식 이후 대청동 성당은 주교좌 중앙성당으로 명칭이 바뀌었고, 최주교도 이곳에 거처하며 부산교구를 사목하였다.

부산교구의 설립은 1890년 절영도에 첫 본당이 설립된 지 67년만이다. 이것은 김범우의 복음 전파 이후 지역의 순교자들과 신자들, 피난 신자들이 피땀을 흘리며 복음 선포를 했기 때문이다.[13]

## ② 부산교구의 정식인가

한국 천주교회가 전쟁의 시련을 극복하자 교황청에서는 그 자립 능력과 성숙을 인정하여 1962년 3월 10일자로 한국교회의 교계 제도 설립을 인가하였다. 교계제도는 교회의 사명을 수행하기 위해 요청되는 성사(聖事) 집전과 관련되는 신품권(神品權, ordo)에 의해서 규정된다. 그리고 동시에 교계제도는 교회 내의 입법·사법·행정 업무와 관련되는 재치권(裁治權, jurisdictio)의 행사와 관련된 제도이다.

교황청에서는 선교지(宣敎地)의 경우 지역교회가 가지고 있는 재치권의 일부를 제한해왔는데, 즉 선교지의 교회는 그 재치권의 행사에 있어서 교황청 포교성에 직속되어 지도와 지원을 받았다. 그러나 교황청은 선교지의 교회가 자립능력을 갖추게 되면 정식 교계제도를 설정

---

13) 한건, 부산교구 가톨릭주보, 2018.

해서 완전한 재치권을 인정했다. 이 측면에서 볼 때, 정식 교계제도의 설정은 교회 제도적 측면에서 일대 발전을 뜻하는 사건이었다.

한국교회의 정식 교계제도 설정은 한국교회가 탄생된 이후 178년 만에 성취된 일이었다. 그리고 '조선대목구'가 처음으로 탄생한 1831년 9월 9일 이후 131년이 지나서 한국교회는 정식 교구로 성장하게 되었다. 한국 교계제도의 설정은 한국교회의 성장과 능력을 교황청에서 인정한 결과였다. 교황청은 한국교회의 교계제도 인가와 동시에 서울교구, 대구교구, 광주교구를 대교구로 승격시키고, 이들을 중심으로 3개 관구를 설정하였다. 부산도 5년만에 대목구(代牧區, vicariatus apostolicus) 체제에서 정식 부산 교구(dioecesis)로 승격되었다. 동시에 대구대교구 관구에 속하게 되었다. 이로써 부산교구도 선교지로서의 모습에서 탈피하여 자치교구로서 활동하게 되었다.

### 2) 부산지역의 순교사적지

부산교구의 순교사적지는 수영 장대(부산시 수영구 광일로 29 - 51), 오륜대 순교자 성지와 오륜대 한국 순교자박물관(부산시 금정구 오륜대로 106 - 1), 형제 순교자 묘(부산시 강서구 생곡길 26 - 9 - 19), 울산 병영장대(울산시 중구 외솔큰길 241), 언양성당과 신앙 유물 전시관(울산시 울주군 언양읍 구교동 1길 11), 살티 공소(울산시 울주군 상북면 덕현살티길 11), 죽림굴(대재공소, 울산시 울주군 상북면 억새벌길 220 - 78), 김범우 순교자 성지(경남 밀양시 삼량진읍 만어로 652) 등이 있다.

▲ 박해시대 부산지역 목자들

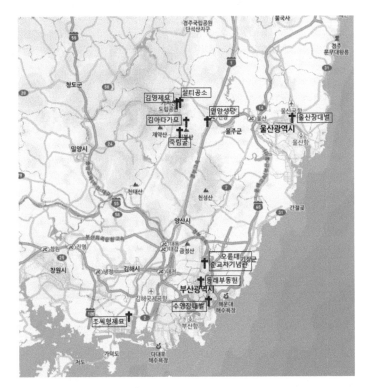

▲ 부산교구의 순교사적지

(1) 수영장대

수영 장대골은 병인박해(1866년) 당시 경상 좌수영이 있던 곳으로 많은 천주교 교인들이 처형당한 순교의 현장이다. 동래지역 전교회장이었던 이정식(요한)과 이관복(야고보), 박조이(마리아), 이근삼(베드로), 양재현(마르티노), 차장득(프란치스코), 이월주(프란치스코), 옥조이(바르바라)가 혹형을 당하고, 군문 효수(軍門梟首)형으로 순교하였다.

조선시대엔 군영 연병장 정면에 장대(將臺)가 있었다. 장대란 지휘관이 올라서서 군사들을 지휘하던 돌로 쌓은 대(臺)를 일컫는데 연병장에는 군사들의 열병훈련 사열이 있었고 간혹 중죄인을 처형하는 사형장으로 사용되기도 하였다. 동네 한가운데 자리 잡은 수영장대벌에서는 병인박해 당시 전교회장이었던 이정식(요한)을 비롯한 8명의 천주교인들이 군문효수형으로 처형되었다.

박해가 진행되는 동안 동래의 회장 이정식(요한)은 교우들에게 티를 내지 않도록 당부하고는 위험을 피해 가족들과 함께 기장과 울산등지로 피신해 생활하였다. 그러나 이것이 화근이 되었다. 동래포졸들은 갑자기 없어진 사람들에게 의심을 품고 그들의 종적을 찾는데 혈안이 되었고 마침내는 울산에서 이정식 회장을 비롯하여 아들인 이월주(프란치스코)와 박조이(마리아) 부부, 이근삼(베드로) 등 일가족 4명과 교우 이관복(야고보), 차장득(프란치스코), 옥조이(바르바라)를 찾아내고 말았다. 이에 앞서 동래에서는 양재현(마르티노)이 체포되었다.

울산에서 체포된 7명은 곧 동래부사의 관아로 압송되어 문초와 형벌을 받고 47일 동안 감옥생활을 해야만 했다. 특히 양재현(마르티노)은 먼저 동래부사와 수사 앞에서 형벌을 받고 다시 통영 우수영으로 이송되어 형벌을 받은 후 동래 옥으로 와서 이정식 요한회장을 만나게 되었다. 통영으로 이송되기 전에 마르티노는 옥사장의 꼬임에 빠져 돈

▲ 수영장대골 순교사적지

300냥을 주고 석방되었다가 다시 체포되었는데, 이때 가족들에게 "너희도 나를 따라 함께 가자. 천주께서 부르시니 영복을 받으러 가자"하고 권면했다 한다.

1868년 8월 4일(양력 9월 20일), 동래 옥에 갇혀 있던 증거자 8명은 마침 내 참수형 판결을 받고 수영장대로 끌려나가 영화로운 죽음을 맞이하 였다. 그 가운데 이정식 요한 회장 가족 4명의 시신은 친척들에게 거두 어져 구 부산 가르멜 수녀원 뒷산(동래구 명장동 산 96번지)에 묻혔다가 1977년 9월 17일에 '오륜대 한국순교자 기념관'(금정구 부곡 3동) 구역 내 로 옮겨져 안장되었다. 이때 나머지 4명의 순교자는 시신을 찾을 수 없 으므로 기념비만을 건립하였다.

　　이때 처형된 교인들의 목은 장대 위에 매달아 두었는데 이는 사람들 에게 경계심과 천주교에 대한 증오심을 갖게 하려는 의도였다. 그러나 많은 천주교인들의 처형 장면을 지켜본 사람들이 경탄하여 구전으로 전하는 바에 의하면 "처형을 하는 수영 장교들과 군졸들은 삼엄한 분 위기에 위엄을 갖추었지만 사형수들은 마치 잔칫집에 나가는 기쁜 표 정으로 순교했다"고 한다. 이곳에서 순교한 이들에 대한 순교 기록은 『일성록』과 1951년 현장을 목격한 두 증인에 의해 확인되고 있다.

　　수영 장대골 순교지가 밝혀지게 된 것은 1977년 7월, 당시 광안성당 본당 안달원(베드로) 주임신부와 청년회원들에 의하여 장대석 8개와 기

▲ 부산의 순교 장소 – 수영장대골　▲ 수영장대 오륜대 한국순교자 박물관 제공

와조각, 동전 등이 발굴되면서부터였다. 그러나 그 이전의 1950년대부터 이곳 교우들 사이에는 이 일대가 옛 장대골 순교지라는 사실이 알려져 순교복자축일이면 여기서 순교자의 거룩한 넋을 기리는 예절을 지켜왔다. 그러다가 1987년 1월 부산교구에서 장대골 성역화 문제가 거론됨으로써 개발이 본격화되었다.

이에 따라 장대골 순교지와 이웃하고 있어 이미 1968년 순교자성당으로 지정된 바 있는 광안 본당 교우들이 1987년 6월부터 성금을 봉헌하여, 순교 사적지 조성 헌금으로 옛 수영장대 순교지의 일부 땅 161평을 확보하고 이듬해(1988년) 7월 부산교구 순교자 현양위원회가 성역화에 착수하여 공사를 완공, 1988년 9월 30일 순교기념비 제막식 및 현양미사가 부산교구장 이갑수 주교에 의해 이루어짐으로서 순교 유적지로 개발되어졌다.

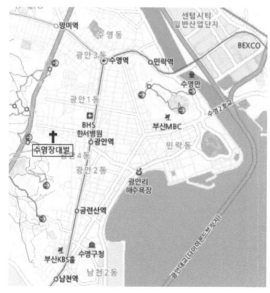

■ 찾아가는 길
[승용차] 수영로를 따라 광안리 해수욕장 쪽으로 가다가 남천로터리에서 왼쪽 길로 접어들어 2km쯤 가면 길 왼쪽으로 한서병원이 있다. 여기서 좌회전하여 들어가면 광안 성당이 있고, 여기에서 약 50m 가다 우회전하여 약 200m 올라가서 좌회전하면 왼쪽에 있다.

(2) 오륜대 순교자 성지

목숨을 바쳐 신앙을 증거한 순교자들을 기리기 위하여 1982년에 개
관한 오륜대 한국순교자 박물관에는 한국 천주교회의 초석을 이룬 순
교자들의 귀중한 유물과 서책 및 형구 등이 풍부하게 전시되어 있다.
모두 3층으로 이루어진 전시실에는 1층에 순교자 유물과 자료가 보관
되어 있고 2층에는 성모 성년 특별 전시실, 선교 2백 주년 기념실, 민속
자료실이 설치되어 있고, 3층에는 김인순(루갈다) 기능품 전시실이 마
련되어 있다. 그리고 병인박해의 서슬 아래 1868년 6월 부산 수영 장대
에서 군문효수형으로 순교한 순교자 8명 중 이정식의 가족 4명의 무덤
이 이 박물관 뒷동산에 이장되어 있다. 박물관에서 뒷동산으로 가는
길목에는 양산에서 순교한 김종권의 단비가 설치되어 있다.

성당을 왼편에 끼고 돌아가면 십자가의 길과 로사리오의 길이 나타
나고 그 위쪽으로 동래 출신 8명의 순교자 무덤이 깨끗하게 정돈되어

■ 찾아가는 길
[승용차] 경부고속국도 종점을 나오면 바로
금정 구청이 나온다. 금정 구청에서 조금 더
가다가 U턴하여 우측 오륜대길 표지판을 따
라 농협-부산은행-지산고등학교 정문 앞을
지나 500m 쯤 '오륜대길 396' 표지판이 보이
는 기념관 정문이 보인다.

있다. 80여 세의 노구로 사형의 험한 꼴을 당한 이정식(요한), 그의 아들 이월주(프란치스코), 이월주의 처 박조이(마리아), 양재현(마르티노) 등 4명의 무덤은 본시 부산 동래구 명장동 산 96번지(구)가 르멜 수녀원 뒷산 등에 묻혀 있었는데 1977년 9월 19일 현재의 오류대 한국순교자 박물관 뒷동산으로 이장되었고, 나머지 4명의 무덤은 아직 찾지 못해 기념비만을 세워 두었다.

### (3) 형제 순교자 묘

부산시 강서구 생곡동 배씨 가문 선산에는 배씨가 아닌 조(曺)씨 성을 가진 형제의 묘가 자리잡고 있다. 병인박해 당시 신앙을 증거하고 죽음을 택한 청년 조씨 석빈(曺錫賓, 1825~1868)과 석증(曺錫曾, 1834~1868)의 유해가 문중 선산에 묻히지 못하고 선산을 앞에 둔 배 씨 문중 선산에 묻혀 있는 것이다.

유교 집안이었던 창녕 조씨 가문에서 김해파의 원조 묘우당의 6대손으로 부친 조대연의 5형제 중 둘째와 셋째로 태어난 석빈과 석증은 천주교로 개종한 뒤 열심히 선교활동을 하였다. 1866년 병인박해가 일어나고 2년 뒤인 1868년 무진년에 두 형제는 가락면 상덕리 편도 부락에서 포졸들에게 체포되었으며, 동래 아문으로 끌려간 이들은 배교를 강요하는 관헌에 의해 혹독한 고문을 당하지만 배교를 완강히 거부하고 끝까지 신앙을 증거하다가 참수당했다. 고문을 하는 사람조차도 이들의 굽힘 없는 신앙에 감탄을 금하지 못하였지만 결국 조씨 형제는 참수형을 선고받았다.

▲ 순교자, 이월주의 묘지　　　　　▲ 순교자, 이정식·양재현 묘지

▲ 부산오륜대 한국순교자박물관 순교자 묘지 전경　▲ 오륜대 한국순교자 박물관 전경

▲ 형제 순교자 묘소 입구　　　　　▲ 형제 순교자(조석빈, 조석중) 묘소

관헌은 먼저 형 석빈을 가차 없이 참수하고 나서는 다시 동생 석증에게 회유와 협박으로 배교하기를 강요했다. 하지만 그는 "형님의 목에 십자가 꽃이 피었다"며 기쁨을 감추지 못하고 자기도 속히 참수해 주기를 간청함으로써 마침내 그 역시 목을 떨구어 형제가 함께 순교의 영광을 얻었다.

형 석빈은 손(孫)이 없었고 동생 석증은 아들이 있었으나 그나마 아들 대에서 후손이 끊겼다고 한다. 순교한 이들의 시신을 조씨 선산에 매장하려 하였으나 사학죄인이라 하여 문중에서 반대하였다. 이를 안타깝게 여긴 이웃의 배씨 집안(배정문 : 1994년 동해 앞바다에서 익사 직전의 사람을 구하다 살신성인한 배문한 신부의 증조부)에서 그의 집 언덕에 묻어 주었다. 이후 이들 형제의 순교사실에 관한 구전이 배 씨 집안에 대대로 전해 왔으며 묘소도 관리하여왔다.

■찾아가는 길
[승용차] 부산 지하철 1호선 하단역을 거쳐 명지교, 을숙도, 녹산교를 건너 우회전하여 생곡 마을로 들어가서 마을 끝까지 들어가면 언덕에 묘소가 있다.

* 순교사적지의 개발

1978년 제찬규 신부와 김옥희 수녀가 이곳을 답사하였고 범일본당에서 나무 십자가를 세우고 해마다 순례를 하였다. 그 뒤 1985년 김해 본당 청년회 조사를 통하여 이들 순교자는 창녕 조씨 김해파 묘우당 6 대손으로 조대연의 5형제 중 셋째 석증과 넷째 석정으로 알려졌다. 그러나 후손들을 만나 증언을 듣고 족보를 조사 확인한 결과 처형당한 사람은 둘째인 석빈과 셋째인 석증인 것으로 밝혀졌다.

형제 순교자 묘에 대한 구체적인 확인을 위하여 1989년 6월 19~20 일 이틀 동안 형제묘를 발굴하였고, 출토된 유물들은 부산대학교 치의학교실에 의뢰하여 감정하였다. 그 후 1995년 1월부터 대나무 정리를 비롯한 진입로 공사와 터 고르기 공사 및 잔디 심기 등을 완성한 이후 그해 5월 29일 이갑수 주교 집전으로 단장미사를 봉헌하였다.

그 후 1998년 3월에 순교자묘 주변 재단장을 하였고 주차장 시설도 마련되었다. 또한 1998년 8월에 순교자묘 아래에 있는 배문한 신부의 생가를 개수하여 순례자들이 쉬었다 갈 수 있게 강당과 방을 마련하였다.

(4) 부산지역의 순교자

① 순교자 이정식(李廷植) 요한(1794~1868년)

이정식(요한, 2014년 8월 복자품에 올랐음)은 경상도 동래 북문 밖에 살던 사람이었다. 그는 동래 출신으로 젊었을 때부터 무술이 뛰어나 무과에 급제한 이후 동래 병영의 장교가 되었으며, 많은 사람들에게 활 쏘는 법을 가르친 적도 있었다. 그리고 후진 양성에도 힘써, 덕망 또한 높았다. 그의 부인은 홍주 출신으로 뒤에 문경으로 이주하여 "영남회장"이란 별명을 가진 박요한의 누이었다. 이정식에게는 두 아들이 있었는데 맏아들은 아버지와 함께 순교한 이월주(프란치스코)이고 둘째 아들은 1868년 7월 12일(음력) 충주에서 외삼촌 박요한과 함께 순교한 이다두였다. 그리고 박조이(마리아)는 이월주의 아내이다.

나이 60세 때 교리를 배워 천주교에 입교한 뒤로는 첩을 내보내고 열심히 신앙생활을 하였다. 이정식 요한은 이후 가족들을 열심히 권면하여 입교시켰으며 누구보다 수계에 열심이었다. 화려한 의복을 피하고 항상 검소한 음식을 먹었으며 애긍에 힘쓰면서 비신자들에게 복음을 전하는데 노력하였다. 또 작은 방을 만들어 십자고상과 상본을 걸고 묵상과 교리 공부에 열중하였다. 이러한 열심 때문에 요한은 입교한지 얼마 안되어 회장으로 임명되었고, 언제나 자신의 본분을 다하였다. 그러던 중 1866년 병인박해가 일어나 전국적으로 확산되자 이정식은 가족들과 함께 기장과 경주로 피신하였다가 1868년 봄에 다시 울산 수박골로 피신하여 교우들과 함께 생활하였다. 그러나 박해가 점점 더 심해져 동래뿐만 아니라 인근 울산·언양·기장 등지까지 영향을 미치게 되었다.

1866년 이정식 요한 회장은 동래 교우들의 문초과정에서 그 이름이 알려지게 되었다. 그러자 동래 포졸들은 그가 사는 곳을 수소문하기 시작하였고, 마침내는 그의 거주지를 찾아내 그곳에 있던 교우들을 모두 체포하였다. 그때 이정식의 아들 이월주(프란치스코)와 이삼근(야고보)은 요한이 체포되었다는 소식을 듣고는 스스로 포졸들 앞으로 나와 자수하였다. 이내 동래로 압송된 이정식 회장은 그곳에서 대자 양재현(마르티노)을 만나 서로 위로하며 신앙을 굳게 지키자고 다짐하였다. 그리고 천주교의 우두머리로 지목되어 문초를 받게 되자, 이정식은 천주교 신자임을 분명히 하고는 많은 교우들을 가르쳤다는 것도 시인하였다.

그러나 교우들이 사는 곳만은 절대로 입 밖에 내지 않았다. 또 형벌을 받으며 배교를 강요당하였으나 끝까지 굴복하지 않았다.

이정식과 동료들은 문초와 형벌을 받은 뒤 47일 동안 옥에 갇혀 있으면서 고통을 당해야만 했으나 그들 중 어느 누구도 신앙을 버리고 석방된 사람은 없었다. 동래 관장은 마침내 사형을 결정하였다. 그런 다음 옥에 있는 신자들을 끌어내 군대 지휘소가 있는 장대로 압송하였다. 이때 사형을 맡은 군사들이 부자를 한 날에 죽이는 것을 꺼려하자, 동래 관장은 동시에 사형을 집행하라고 명령하였다. 이정식은 참수형을 당하기에 앞서, 삼종기도를 바치고 십자 성호를 그은 다음에 칼을 받았으니, 그때가 1868년 여름으로 당시 그의 나이는 75세이었다. 순교 후 그의 시신은 가족들에 의해 거두어져 사형장 인근에 안장되었다.[14]

### ② 순교자 양재현(梁在鉉) 마르티노(1827~1868년)

1827년에 태어난 양재현 마르티노(2014년 8월 복자품에 올랐음)는 언제부터인가 경상도 동래의 북문 밖에서 살았다. 그는 동래에서 좌수(座首)라는 직책을 갖고 있었는데, 어느 날 이정식(요한) 회장을 만나면서 천주교 신앙에 대해 알게 되었고, 이후 그에게 교리를 배워 입교하였다. 1868년 박해 때 마르티노는 천주교 신자라는 사실이 알려져 동래 포졸들에게 체포되었다. 당시 그는 포졸들이 집으로 들이닥치자 태연하게 그들을 맞이한 뒤 관아로 끌려갔다.

이윽고 관장 앞으로 나가 문초와 형벌을 받게 되자, 마르티노는 천주교 신자라는 사실을 분명히 하고는 형벌을 달게 받았다. 또 관장이 배교를 강요하자, "절대로 천주교 신앙을 버릴 수 없다"고 하면서 조금

---

14) 한국 천주교 주교회의 시복시성 주교 특별위원회, 『하느님의 종 윤지충 바오로와 동료 순교자 123위』, 대교 커뮤니케이션, 2003, pp.321~322.

도 굴복하지 않았다. 그런 다음 오랫동안 옥에 갇혀 있다가 다시 문초를 받고 수군의 병영으로 이송되었다. 양재현 마르티노는 수군 병영에서 다시 문초와 형벌을 받았지만, 배교를 거부함으로써 옥에 수감되었다. 그러나 옥에 들어가서는 옥졸들의 꼬임에 빠져 '돈을 주겠다'고 약속한 뒤 몰래 그곳을 빠져나와 집으로 돌아오게 되었다. 옥졸들은 마르티노가 집에 돌아가자 관장에게 가서 '죄수가 몰래 도망쳤다'고 거짓으로 보고하였다. 이내 포졸들이 다시 마르티노의 집으로 몰려왔고 그는 즉시 체포되어 동래관아로 압송되었다. 마르티노의 신앙은 이때부터 다시 굳건하여졌다. 그는 혹독한 형벌에도 굴하지 아니하고 "천지의 큰 부모이신 천주를 배반할 수 없습니다"라고 하면서 신앙을 증거했다.

이후 마르티노는 통영에 있는 수군의 병영으로 이송되어 여러 차례 형벌을 받아야만 하였다. 그런 다음 다시 동래 관아로 끌려와 옥중에서 이정식(요한) 회장과 동료 교우들을 만나게 되었으며 서로를 위로하면서 신앙을 굳게 지키기로 약속하였다. 동래 관장은 마침내 사형을 결정하였다. 그런 다음 옥에 있는 신자들을 끌어내어 군대 지휘소가 있는 장대로 압송하였다. 이때 마르티노는 끝까지 배교를 거부하고 십자 성호를 그은 다음에 칼을 받았으니, 1868년 여름으로 당시 그의 나이 42세이었다. 순교 후 그의 시신은 가족들에 의해 거두어져 사형장 인근에 안장되었다.

경상 좌수영이 있던 이곳은 병인박해 당시 많은 천주교인들이 잡혀와 처형된 곳이다. 거듭된 여러 고난 중에도 그나마 신앙공동체를 유지할 수 있었던 부산지방도 1866년 병인박해를 맞아 일대 수난기를 맞이하게 되었다. 서울을 중심으로 일단락되려던 병인박해가 프랑스 함대의 침입과 오페르트의 남연군 묘 도굴 사건 이후 전국적인 규모로 확대된 것이다.

동래지역 천주교 신자들에 대한 처형이 있을 무렵 다른 지역에서 들어온 신자들이 발각되어 체포되는 사건이 있었다. 동래의 좌수영 관할 아래 있는 부산진에서 박근기(朴根基)가 체포된 것이다. 박근기는 "일본이 서양과 통상을 하고 있으니 조선에서 신앙의 자유를 얻기 위해 일본인을 통해 서양에 호소해보자"는 생각 아래 몇몇 교우들과 뜻을 같이 하였다. 그러나 이러한 내용의 글을 가지고 있던 그가 부산첨사 윤석오에게 적발되어 동래부로 이송되어 수감되었다. 아마도 사형 당했을 것으로 짐작되며 같은 사건에 연루된 그 외 7사람의 행방도 확실하지 않다.

동래지역에서는 천주교 신자 8명이 사형당했다. 이들은 이정식(요한)·이월주(프란치스코)·박조이(마리아)·이삼근(야고보)·이관복(베드로)·양재현(마르티노)·차장득(프란치스코)·옥조이(바르바라) 등이다.

1868년 동래부사 정현덕(鄭顯德, 1810~1883)은 이정식 외 11명의 교우를 체포하여 47일 동안 옥에 가두고 태형과 협박으로 배교를 강요하다가 수영으로 넘겼다. 그 후 경상좌도 수사 구주원(具冑元, 1866.2~1870.10 재임)은 이들에게 마지막으로 혹형을 가한 다음 배교하기를 강요하였는데 그들 중 세 사람은 혹형에 못이겨 배교하여 방면되었다. 그러나 이정식 등 8명은 신앙을 지켜 사형을 당하였다.

양재현(마르티노)은 남원 양씨 가문 출신으로 동래 북문 밖 실내(현금 사동)에 살던 좌수이며 이정식의 대자이다. 『병인군난 치명사적』에 기록된 것을 보면 양재현뿐만 아니라 그의 가족도 천주교 신자였다. 그의 가족은 그 당시 구금되지 않은 채 양재현의 처형을 지켜보았다.[15] 그러나 차장득(프란치스코), 옥조이(바르바라), 이삼근(야고보), 이관복(베드로)에 대해서는 정확한 행적을 알 수 없다.

---

15) 전게서, pp.323~324.

## 3) 언양지역의 복음 전파와 순교사적지

### (1) 언양지역의 복음 전파

언양에서도 신유박해(1801년) 이전에 천주교가 수용된 사실이 확인된다. 언양 길천에 거주하였던 향반(鄕班) 창녕 성씨 가문의 성처인·성진탁·성철규가 천주교와 연관되어 죽음을 당하였다. 이 집안에서 천주교를 먼저 받아들인 사람은 성처인(成處仁, 1758~1801년)이었다. 그는 '황사영 백서 사건'에 연루되어 투옥되었다가 병사하였는데, 그가 천주교를 수용한 것은 남인과의 학문적인 교류에 의해서인 것 같다.

성처인과 7촌 관계인 성진탁은 북경을 왕래하면서 상거래에 종사하고 있었으며 조선교구 설립에 공헌하였다. 그가 상거래에 종사하게 된 것은 그의 조부인 성동좌가 당시 영의정이었던 홍치중의 딸과 결혼하였는데, 당시 홍치중의 딸은 몰래 개가하였으므로 가문을 밝히지 않으면 안되는 과거 시험에는 응시할 수 없었기 때문이다. 이러한 좌절은 그가 천주교를 수용하는 한 배경이 되었다. 그는 북경을 드나들면서 중국교구 아래 놓였던 조선교구를 분리시키는 데 기여하였다. 그러나 청나라로부터 귀국한 후 그의 행방은 알 수 없었는데, 1839년 기해박해 때 죽음을 당한 것으로 보인다. 성진탁의 아들 성철규 역시 천주교인으로 의심받아 1839년에 잡혀 투옥된 뒤 옥사하였다. 그리하여 언양의 창녕 성씨 가문의 한 계파는 구성원들이 천주교를 수용한 것이 계기가 되어 단절되었다.

또한 구전으로 내려오는 언양의 천주교 전파를 보면, 언양의 향리인 해주 오씨 가문의 오한우(베드로, 1760~1801), 경주 김씨 가문의 김교희(프란치스코, 1775~1834)가 1790년경 함께 한양에 가서 세례를 받아 천주교에 입교하였다고 한다. 오한우는 서울을 왕래하며 같은 가문의 오봉

상을 비롯하여 권일신·정약용과 교분을 두텁게 하고, 『천주실의』를 비롯한 교리서 몇 권을 얻어 와서 보고 천주교를 믿게 되었다고 한다. 그러다가 부친에게 발각되었는데, 부친은 오랑캐 책으로 공부하는 것을 금지하였다. 그는 부친에게는 책을 불태웠다고 거짓말을 하고 육촌 매제인 김교희에게 책을 주어 비밀 보관하도록 했다고 한다.

김교희도 역시 이 책들을 보며 천주교 진리를 깨닫고, 1790년 3월에 오한우와 함께 서울에 가서 프란치스코라는 세례명으로 입교하였다고 한다. 1801년의 신유박해로 오한우는 순교하고 김교희는 가족을 이끌고 간월산 불당골로 피신함으로써 언양지방의 첫 신앙공동체가 형성되었다.

그 외 천주교의 전파는 신유박해(1801년)로 탑곡으로 유배되었던 강이문에 의해 탑곡에서도 작은 교우촌이 형성되었다. 강이문에 의해 신자가 된 예씨 청년이 그와 그의 가족의 권유로 신자가 된 5~6세대와 함께 상선필(예씨네골)에 정착하였다. 그리하여 언양에서는 내간월산 불당골, 탑곡, 상선필 등 세 곳에서 신자촌이 형성되어 서로 연락하며 신앙생활을 하였다. 그러던 중 을해박해(1815년)로 충청도와 경상도 북부 지역 신자들이 피신을 와 현존해 있던 이곳 교우촌에 정착함으로써 교우촌이 더욱 커져 확실한 신앙공동체의 모습을 가지게 되었다.

그러나 정해박해(1827년)로 인하여 간월 교우촌의 신자들이 체포되고, 일부는 경주지방으로 피신하게 되어 신앙공동체가 약화되고 말았다. 박해가 끝나고 나면 신자들은 다시금 고향을 찾아 돌아오거나, 더 깊은 산골로 가서 신앙생활을 유지하였다. 그런 현상이 신앙의 자유가 허용되는 시기까지 반복되었다. 그런 흔적은 언양의 오래된 공소에서 찾아볼 수 있으며, 그에 대해 전래되어 오는 이야기를 그곳에서 살고 있는 순교자 후손들의 증언에서 들을 수 있다.

## (2) 언양지역 순교 사적지

### ① 간월 교우촌

부산·경남의 첫 공소로 알려진 간월 교우촌은 1815년 을해박해와 1839년 기해박해를 거치면서 언양의 경주 김씨 집안, 김해 김씨 집안과 충청도·영남 여러 지역에서 박해를 피해 모여든 신자들에 의해 일찍부터 교우촌이 형성되었다.

간월 교우촌은 1837년과 1838년에 샤스탕 신부가 사목 방문을 하여 성사를 집행하였고, 명망 있는 신자를 교우촌의 회장으로 임명하여 공소예절을 하게 할 정도로 조직적으로 성장하였다. 1839년 기해박해로 신자들이 흩어졌지만, 1840년에 다시 새로운 집단이 이루어져 1845년 다블뤼 주교가 방문하였을 때는 예비신자가 150명이나 되는 큰 공동체가 되었다. 1850년부터는 정기적으로 최양업 신부의 사목 방문을 받았다. 이로써 교우촌은 내적으로 성숙되었으며, 외적으로는 외교인들의 개종으로 확대되었다.

이 무렵에 외교인들이 간월 교우촌으로 찾아와 교리를 배우고 기본 교리서와 기도서, 교리문답 등을 직접 베껴 고향으로 돌아가 가까운 친구들과 친척과 온 가족에게 진리를 가르치기도 하였다. 서울에 살고 있던 한 외교인이 이 지방에 가서 1~2개월을 체류하다가 천주교인을 알게 되어 기도서를 읽고 교리를 배웠다. 그는 신자들의 신앙생활이 훌륭하다고 생각하고, 가난한 신자들을 위해 강당을 지어주기까지 하였다. 최양업 신부가 "내 관할 지역뿐 아니라 전국적으로도 이곳만큼 훌륭한 강당은 없을 것"이라고 할 정도로 많은 신자와 훌륭한 강당을 갖춘 공동체이었다.

간월 교우촌은 경신박해(1860년)로 인해 교우 17명이 잡혀 감옥으로 끌려가고, 남은 신자들도 집과 전답, 가산을 전부 빼앗겨 의탁할 데가 없게 되자 더 안전한 곳을 찾아 흩어졌다. 박해 때는 신자를 숨겨준 친척이나 친구들도 같은 운명을 당하므로 더욱 깊은 산골로 피난하지 않을 수 없었다.

### ② 김 아가다 묘

동정녀 김 아가다는 경신박해(1860년)로 아버지(김상은 야고보)와 오빠(김영제 베드로)가 포졸에게 잡혀가자 자기도 그 뒤를 따르고자 자진하여 체포되었다. 그러나 포졸이 자기를 다른 데로 팔아 넘기려하자 도망쳐 나와 최양업 신부가 있는 죽림굴에서 은신하며 지냈다. 후손들에 의하면 김 아가다는 여기서 3개월 동안 머물면서 바깥 소식을 전하고 식사준비와 빨래 등으로 최신부를 정성껏 공경하였다고 전한다. 그때 최신부는 짚신을 만들어 교우들은 이것을 팔아 어렵게 생계를 꾸려 나갔다. 김 아가다는 잡혀갔던 후유증으로 여러 날 앓다가 최신부의 임종경을 들으며 선종하였다(1860년). 최신부는 시신에다 솔가지를 덮고 묘비인 패장을 세워주었다. 며칠 후 교우들이 이것을 알고 간월골로 옮겨와 매장하였다.

### 사료1 최양업 신부의 열아홉번째 편지

'– 죽림굴에서 1860년 9월 3일 리부아 신부와 르그제조아 신부에게

예수 마리아 요셉, 리부와 신부님과 르그제조아 신부님께

지극히 공경하고 경애하올 신부님들

먼저 두 분 신부님들에게 공동편지를 보내는 것을 용서하십시오.

이 작은 편지를 두 분께 뿐만 아니라 모든 경애하올 신부님들께 이

렇게 한꺼번에 보내드릴 수밖에 없는 절박한 처지에 놓여 있습니다. (중략)

24세 된 동정녀가 있었는데, 교리에 밝고 열심히 특출하여 모든 교우들 중에서 뛰어남으로 일반의 존경과 흠모를 받아왔습니다. 항상 마음으로 하느님을 위하여 순교하기를 원하고 감옥에 끌려가기를 간절히 자청하였습니다. 아버지와 다른 교우들이 체포될 때 그는 포졸들 주변을 맴돌면서 그곳을 떠나려 하지 않았습니다. 그러나 부친과 다른 교우들의 강요에 따라 마지못해서 이웃집으로 갔습니다. 거기서 그녀는 두 처녀들과 함께 포졸들이 지나가기를 기다렸습니다. 이 두 처녀는 하나는 열일곱 살이고, 하나는 열여덟 살이었는데, 이 동정녀가 선생처럼 교리를 가르치고 신앙생활을 지도하던 처녀들이었습니다.

포졸들이 세 처녀의 엄지 손가락을 묶어가지고 끌고 갔습니다. 그러나 여인들을 체포하라는 명령이 없었으므로 포졸들은 그 처녀들을 관가로 데려가지 않고 농락하거나 다른 데 팔아먹으려 하였습니다. 포졸들의 속셈을 알아차린 세 처녀들은 포졸들에게 자기들을 놓아달라고 애걸하였습니다. 하느님께서 포졸들의 짐승같은 욕정을 진정시키셔서 처녀들은 무사히 풀려났습니다.

그 동정녀의 이름은 아가다였습니다. 아가다는 아버지와 오빠가 감옥에 갇혔기 때문에 돌봐주는 이나 의지할 데가 없어졌습니다. 그래서 숱한 위험을 겪으면서 이리저리 헤매다니다가 결국 저에게로 피신하여 왔습니다. 그녀는 너무나 고생을 많이 하여 탈진한 몸으로 병석에 누워 임종을 맞게 되었습니다. 모든 성사를 신심 깊게 받은 아가다는 둘러 있던 교우들에게 좋은 표양을 보여주었습니다. 우리가 다 함께 임종경의 마지막 경문을 끝내자 아가다는 숨을 거두었습니다. (하략)[16]

---

16) 정진석 옮김, 『너는 주추 놓고 나는 세우고』, pp.172~173.

③ 죽림굴

▲ **죽림굴 입구** 대재 공소, 울산시 울주군 상북면 억새벌길 220-78

언양지방의 첫 공소로 알려진 간월공소에 이어 두 번째로 세워진 죽림굴(대재 공소, 울산시 울주군 상북면 억새벌길 220-78)은 현재 경남 울주군 상북면 등억리 간월산 정상 가까이에 위치하고 있다. 죽림굴은 천연 석굴로 된 박해시대의 공소(1840~1868년)로서 교우들이 박해를 피신하였던 곳이다. 이 천연 석굴공소는 대나무와 풀로 덮혀 있고 폭 7m에 높이 1.2m인데, 낮은 입구 덕분에 눈에 잘 띄지 않아 은신하기에 용이하여 많은 순교자들과 증거자들의 은신처로 이용되었다. 기해박해(1839년)로 충청도 일원과 영남 각처에서부터 피난 온 교우들과 간월촌 교우들이 보다 안전한 곳을 찾다가 발견하여 공소를 이룬 것이다. 포졸들이 재 넘어 간월골에 나타나면 모든 교우가 이 굴 안에 들어와 숨었고, 연기를 내지 않기 위해 곡식을 구유에 넣어 물에 불려 생식을 하면서 은신하였다고 전한다. 이들은 토기와 목기를 만들고 숯을 구워 생계를 유지하였다고 한다.

1840년부터 1860년 사이에는 샤스땅 정신부, 다블뤼 안신부가 사목을 담당하였다. 특히 경신박해(1860년) 때는 박해를 피해 최양업 신부가 여기에서 3개월간 은신하면서 신자들과 함께 미사를 집전하고, 자신의 마지막 편지를 쓰기도 하였다. 또한 울산장대에서 처형된 3명의 순교자(허인백·이양등·김종륜)도 한때 이곳에서 생활하였으며, 동정녀인 김

아가다도 최양업 신부의 일을 도우며 지냈다고 한다.

경신박해(1860년) 때 이 지방에서 20여 명이 체포되었고 병인박해(1866년) 여파로 1868년에 교우들이 대거 체포되는 등 100여 명이 넘던 신자들이 박해로 인해 사방으로 흩어져 대재공소는 폐쇄되고 말았다.

죽림굴의 보존과 개발은 1986년 10월 29일 당시 언양성당 주임신부였던 김영곤 신부와 평신도 11명이 죽림굴 발견에 나섰으나 실패하였고, 그해 11월 9일 평신도 4명이 재시도하여 죽림굴을 발견하였다. 이를 기념하기 위해 4일 후인 11월 13일 죽림굴 발견 기념미사를 봉헌했

▲ 죽림굴 전경　　　　　　　▲ 죽림굴 내부 모습

■ 찾아가는 길
[승용차] 경부고속국도 서울산IC에서 석남사 입구, 배내 고개를 넘어 간월산 휴양림지구와 죽림굴 안내판이 좌측에 7.4km을 표시하고 있다. 산길을 따라가면 간월재가 나오고 그곳에서 우측으로 산비탈 길을 내려가면 오른쪽 벼랑에 죽림굴이 있다.

고 1988년 9월 28일에는 굴 앞에 안내문을 세웠다. 그 후로 일 년에 한 번씩 언양본당 주관으로 기념미사를 봉헌하고 있다. 1996년 2월, 죽림굴 주변 정리를 하면서 안내석을 새로 세웠고 입구에 계단을 만들었다. 공소로 사용된 이곳은 100여 명을 수용할 수 있으며 근처 지방에서는 찾아볼 수 없는 큰 굴이다.

④ 살티 공소

㉠ 안살티

신유박해(1801년)와 기해박해(1839년)를 거치면서 간월, 죽림굴로 숨어들었던 신자들이 경상도 지역에 본격적으로 행해진 경신박해(1860년)와 전국적으로 진행된 병인박해(1866년)를 거치면서 더욱 안전한 곳을 찾아 모여든 곳이 안살티(현재 청수골 주변인데, 아무런 흔적도 없다)이다. 이곳은 옛날부터 전쟁을 위해 화살을 만든 곳으로, 호랑이 등의 맹수들이 많아서 사람들이 살기 어려웠던 곳이다. 그러나 병인박해가 일어나자 간월과 언양 지방에 살던 신자들이 숨어 지내기에 좋다는 이유로 이곳 안살티로 피난와서 살기 시작하였다.

'살티'라는 말의 유래는 "당시 관헌들이 교우들을 찾아 석남사까지 와서 경주로 빠져나감으로 이곳의 교우들이 죽음을 면하고 무사히 살아남아서 '살 수 있는 터'라고 하여 살티 혹은 살틔라 불러오고 있다"라고 전해지고 있다. 박해가 끝나고 신앙의 자유가 허용된 이후 안살티에 살던 신자들이 부근의 사기점(砂器店)으로 옮겨가 현재의 살티 공소가 있는 곳으로 이주하여 신앙공동체를 이루며 살아가고 있다.

ⓛ 살티 공소

　현재의 공소건물은 1982년 교구 은인들의 도움으로 건립하여 지금
까지 이르고 있다. 많은 신자들이 농촌을 버리고 이사 갔지만, 대대로
내려오는 신자들이 이곳을 지키고 있다. 특별히 이곳은 성소의 온상지
로 많은 성직자와 수도자를 배출하였다(최재선 요한 주교, 김문옥 요셉 신부,
이종창 바르톨로메오 신부, 김윤근 베드로 신부 등).

◀ **살티 공소** 울산시
　울주군 상북면덕
　현 살티길 11

■ 찾아가는 길
[승용차] 경부고속국도 언양IC에서 나와 24
번 국도를 따라 석남사 입구에서 좌측 길로
접어들어 1km쯤 가면 안내 푯말이 보인다.
좌회전하여 100m 들어가면 살티 공소다.

ⓒ 김영제 묘

살티에는 이 지역 최초의 신자였던 김교희(프란치스코, 1775~1834)의 손자 김영제 베드로(1827~1876)의 묘가 있다. 김영제는 아버지 김상은 (야고보)과 함께 경신박해(1860년) 때 체포되었다가 풀려났지만 1868년 병인박해 중에 대재공소에서 다시 체포되어 경주로 압송되었다. 그 후 대구를 거쳐 서울로 옮겨지면서 계속 문초를 받았다. 특히 대구에서는 전교 신부들의 행방을 묻는 관리들로부터 극심한 문초를 당하였으며 배교를 강요받았다. 이때 심한 주뢰형의 고문을 받아 종지뼈가 으스러져 떨어져 나가 불구의 몸이 되었다. 그러나 그는 끝까지 믿음을 지켜 서울까지 이송되었다가 마침 국가의 경사(순조의 아들인 익종의 존호 추상과 대왕대비 조씨의 강상 존호 추정)로 특사 방면되어 9개월만에 풀려나게 되었다(1869년 1월 6일). 풀려난 김영제는 피신한 가족을 수소문하여 살티 마을로 내려왔으나 심한 고문으로 인한 장독이 전신으로 퍼지고 상처 부위에서 항상 피고름을 받아내며 고통 속에서 살다가 1876년 병이 악화되어 죽음에 이르게 되었다.

1981년 11월 언양 본당 신자들의 정성으로 김영제 묘를 말끔하게 단장하고 기념비를 세웠다. 묘지 주변은 후손들이 1984년과 그 이듬해 두 차례에 걸쳐 중장비를 동원해 정지 작업을 해둔 채 보존하였다. 1994년 4월 2일 부산교회사 연구소의 주관으로 서북쪽으로 약 18미터 지점인 현재의 위치로 유해를 이장하고, 순교자의 5대 후손인 김윤근(베드로) 신부가 울산본당 신자들의 후원금을 모아 분묘를 단장하고 순교비를 건립하였다. 동시에 십자가, 제대, 예수 성심상 그리고 성모상 및 사적지 표지석을 세워 묘역을 다듬었다. 이곳에서 1994년 9월 30일 부산 교구의 이갑수 주교와 교구 사제단 공동 집전으로 묘역 단장미사를 봉헌하였다.

⑤ 언양성당

㉠ 언양성당(울산시 울주군 언양읍 구교동1길)

언양지역을 둘러싸고 있는 고헌산·가지산·간월산·신불산·영취산은 영남 알프스라 불릴 만큼 좋은 관광자원이지만 옛 신앙 선조들에게는 피난과 전교의 행로이기도 하였다. 실제로 이 산들을 넘어 언양교우들은 밀양이나 양산, 멀리는 김해, 동래지역 교우들과도 연락을 취하고 사돈을 맺기도 하였으며 산길을 통해 전교 신부들을 인도하였다.

▲ 언양성당 성지 십자가    ▲ 에밀 보드뱅 신부 흉상

▲ 언양성당 전경    ▲ 언양성당 내부모습

믿음의 자유가 보장되면서 깊은 산골자기에 숨어만 지내던 신자들이 하나둘씩 번화한 읍으로도 전교활동을 펴 언양읍 공소가 열리고 다시 언양공소와 송대공소가 생겨났다. 각 공소 대표자들에 의해 본당 설립의 움직임이 일어났을 무렵 송대공소는 오랜 교우촌 상치나 순정선필공소보다는 낮은 교세의 신설 공소이었다. 그러나 언양읍이 내려다보이는 좋은 입지 조건으로 전교 가능성이 높이 평가되었다. 드망즈 주교는 1927년 4월 4일에 에밀 보드뱅(Emile Beaudevim, 한국명 정도평 丁道平, 1897~1976) 신부를 언양성당 주임 신부로 임명하였고, 그는 5월 14일 정식으로 부임하였다.

보드뱅 신부는 1928년 '언양지방 천주공교협회'를 창립하여 성전 건립 모금운동을 시작하였다. 보드뱅 신부와 신자들의 피나는 노력으로 6년 만에 성전 건립이 이루어지고, 1936년 10월 25일 드망즈 주교의 주례로 성전 및 사제관 축성식을 거행하였다.

언양성당은 고딕식 형태로 제작된 부산교구의 유일한 석조 건물이다. 성전 자체는 미완성된 라틴 크로스형의 평면이며, 현재는 성전의

■ 찾아가는 길
[승용차] 경부고속도로로 오는 경우 서울산 IC(삼남IC)에서 언양 읍내로 진입하여 석남사 방향으로 도로를 따라 가면 읍내 끝 변두리에 성당이 있다.

정면과 측면이 석재로 마감되어 있는 반면, 뒷벽은 벽돌로 처리되어 있다. 이러한 불완전한 성전 구조는 미래에 신자수가 증가 될 것에 대비하여 용이하게 증축할 수 있도록 배려한 것이며, 또한 성전 건축 당시 어려웠던 재정사정 등을 엿볼 수 있다.

### ㉦ 언양 신앙유물전시관

언양 신앙유물전시관은 오륜대 한국순교자박물관에 이은 부산지역의 두 번째 유물전시관으로서 1990년 12월 4일 개관하였다. 언양지역 천주교 선교 2백주년을 기념하여 설립된 이 전시관은 부산교회사 연구소의 부설기관으로 운영된다. 이 전시관에는 언양본당과 신자들, 그리고 이 지역주민들이 보관해오던 유물 총 6백 95점이 전시되어 있다. 이곳에는 초기 천주교 포교역사의 발자취를 잘 보여주는 서적 125권, 서류 29점, 성물(聖物) 150점 등과 사진 40점, 민속품 320점 등의 유물이 있다.

전시관으로 사용되는 건물은 1938년부터 언양본당 사제관으로 사용되어 온 곳으로 지하 1층, 지상 2층의 45평 건물로서 1층은 신앙유물, 2층은 민속유물이 전시되어 있다. 이들 유물 중 특히『전(前) 부산지방 천주공교 협회록사』,『부산지방 천주공교협회록』,『언양지방 천주공교협회록』,『천주공교 언양청년회서류철』등의 서류와 은혜성모상, 천상모후상은 그 가치가 매우 높은 것들이다.

『전(前) 부산지방 천주공교 협회록사』는 언양성당이 생기기 이전 부산공교 평신도들의 활동상을 수록한 정기총회 기록의 사본으로 1916년부터 1931년까지의 내용을 담고 있다. 또『언양지방 천주공교협회록』과『천주공교 언양청년회서류철』은 1927년 언양본당이 생기고 난 이후 1928년부터 1947년까지의 언양본당 평신도들의 총회 기록과 청년회 활동을 담은 기록들로서 이들 서류집들은 20세기 초 언양, 울주, 울산 지역 신앙활동의 역사를 알 수 있게 하는 소중하고 희귀한 자료로 평가된다. 은혜성모상은 25㎝ 높이의 르네상스풍을 보여주는 성모상으로 오륜대, 절두산 신앙 유물전시관에 있는 것보다 크기 면에서는 가장 크다. 또한 19㎝ 높이의 천상모후상은 아직 다른 곳에서는 찾아볼 수 없는 독특한 성모상이기도 하다. 이밖에도 묵상서, 교리서, 성가책, 손자수 장식이 달린 제의(祭衣), 미사 때 쓰인 제구(祭具), 해골이 새겨진 독특한 형식의 십자가들과 성 김대건 안드레아 신부, 성 범 라우렌시오 주교, 성 정 야고보 신부의 유해 등이 보관되어 있다. 민속유물로는 물레, 절구통, 구유, 인두, 베틀, 통발, 재봉틀, 참빗, 은비녀 등이 있다.

언양지방 천주교 선교 200주년(1790~1990년)을 기념하여 『언양선교 200년사』 편찬과 신앙유물전시관 설립을 1986년 3월에 구상하여 그해 4월 편찬위원회가 구성됨과 동시에 자료수집을 시작하여 1990년 12월 4일 언양신앙유물전시관으로 개관하였다.

ⓒ 오상선묘

언양성당 뒤편에는 오상선(교명미상, 1840~1867년)의 묘가 있는데, 해주 오씨 집안의 오상선은 이 지방에서 처음으로 신앙을 받아들인 오한우(베드로, 1760~1801년)의 손자이다. 오한우는 육촌 매제인 김교희(프란치스코, 1775~1834년)와 함께 천주교를 받아들여 1790년 경에 입교하였다고 전해진다. 오한우(베드로)는 서울을 왕래하며 같은 오씨 문중의 오몽상과 권일신(프란치스코 하비에르, 1742~1791년), 정약용(세례자 요한, 1762~1836

년)과 교분을 두텁게 하고, 『천주실의』와 교리서적 몇 권을 얻어서 집으로 돌아와 열심히 신앙공부를 하여 천주교에 입교하였다고 한다. 그후 그는 1801년 신유박해 때 충청도와 경상도 경계지점에서 순교하였다고 전해진다.

오한우를 이어 손자 오치문(베드로, 1804~1861년)과 증손자 오상선(1840~1867년)이 천주교를 수용하여 전교하다 경신박해(1860년)와 병인박해(1866년)의 여파로 사망하였다. 오치문이 죽자 오상선은 안일호장(安逸戸長)인 오치인(오상선의 백부) 집에 얹혀 살았다. 오치문과 오상선은 집안의 힘을 빌어 읍주변 신자들을 돌본 듯 하다. 이 집안의 전교에 의하여 천주교에 관대했던 철종 연간에는 교세가 확장되면서 동부리의 다른 향리족(吏族)들도 천주교를 믿었다. 언양에서는 향리족들이 천주교를 믿으며 관장들에게 내는 보고로 가혹한 조치를 미리 막으면서 신자들을 보호하여 주었고, 이정(里正) 또한 보호자로 자처하여 많은 개종자를 내고 있었다. 언양의 경우 향리들이 앞서 천주교를 수용한 것과 이들이 신자를 보호하였다는 사실은 다른 지역과는 상이한 점이다. 동부리에 천주교 신앙을 전파하고 확산하는 데 해주 오씨 집안과 다른 향리족들이 크게 기여하였음을 알 수 있다.

## 4) 울산지역 순교사적지

### (1) 울산장대 — 울산 병영 장대(울산시 중구 외솔큰길 241)

울산시 중구 남외동에 위치한 울산장대는 박해 당시 경상좌도 병마절도사가 있어 군사훈련뿐만 아니라 중죄인을 처형하는 장소로 쓰여, 경신박해(1860년)와 병인박해(1866년) 중인 1868년에 많은 천주교 신자들이 처형된 순교터이다. 장대(將臺)란 지휘관이 올라서서 군사들을 지휘하던 돌로 쌓은 대를 말한다.

첫 번째 이곳의 순교자인 오치문(베드로, 1804~1861년)은 언양의 명문 가정에서 태어났는데 1801년 이곳 언양에 귀양온 강이문에 의해서 이

▲ 울산병영 순교성지 성당

▲ 울산병영 순교성지 성당

▲ 울산 병영장대 순교자(순교자 현양비)

지방에서는 처음으로 교인이 된 것으로 전해진다. 오치문은 학자이면서도 벼슬길에 나서지 않고 신앙을 받아들인 뒤에는 오로지 교리만을 실천하려고 애썼다. 주변의 유력한 사람들이 그에게 벼슬길을 열어 주겠다고 유혹했지만 그의 굳은 마음을 돌릴 수는 없었다. 1860년 경신박해가 경상도 지역을 휩쓸게 되자, 이름이 알려져 있던 오치문은 곧바로 포졸들에게 체포되어 울산장대로 압송되었고 그곳에서 순교하였다. 순교 당시 그는 얼굴을 한지로 덮은 채 물을 뿌림으로써 숨이 막혀 죽게 한 백지사(白紙死, 일명 도모지) 형벌을 받았는데, 무의식 중에 혀를 내밀어 물 묻은 한지를 뚫자 군사들이 그 구멍을 막아 질식시켰다고 전한다.

울산장대의 두 번째 광란은 1868년에 일어났다. 병인박해가 계속되면서 교우들은 아무도 살지 않는 곳으로 옮겨가야만 했고, 이때 울산 간월산 아

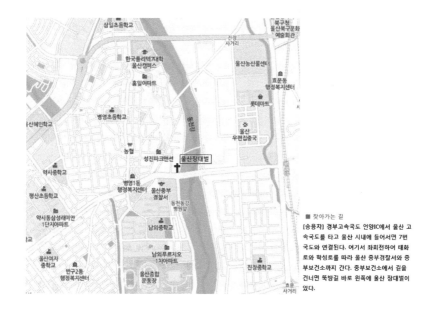

■ 찾아가는 길
[송용자] 경부고속국도 언양IC에서 울산 고속국도를 타고 울산 시내에 들어서면 7번 국도와 연결된다. 여기서 좌회전하여 태화로와 학성로를 따라 울산 중부경찰서와 중부보건소까지 간다. 중부보건소에서 길을 건너면 뚝방길 바로 왼쪽에 울산 장대벌이 있다.

래에 살던 허인백(야고보, 1822~1868)도 더 깊은 산중인 대재(울주군 상북면 이천리) 교우촌으로 이주하였다. 당시 대재 마을에는 이양등(베드로, ?~1868) 가족을 비롯하여 문경 멍에목(문경군 동로면 명전리)에서 이주해 온 김종륜(루카, 1819~1868) 등이 함께 생활하고 있었다.

### (2) 복자 허인백 야고보(1822~1868년) 순교사적지

허인백(許仁伯) 야고보는 1822년 경상도 김해에서 농부의 아들로 태어나 언양 간월로 이주해 살았다. 그러다가 25세 때 천주교 신앙에 대해 듣고 입교하였으며 이후로는 아주 열심히 수계 생활을 하여 교우들로부터 많은 존경을 받았다. 야고보는 아내 박조이와 자식들에게도 열심히 교리를 가르쳤다. 그뿐만 아니라 정결을 지키기 위해 아내와 남매처럼 살았으며, 고신극기는 물론 겸손과 인내의 덕을 쌓는 데도 노력하였다. 또 애긍에 힘써 가난한 이와 병든 이들을 많이 도와주었다.

1860년 경신박해가 일어난 뒤, 야고보는 포졸들에게 체포되어 무수히 매를 맞고 언양으로 끌려가 여러 차례 문초와 형벌을 받았지만, 천주교 신자임을 떳떳하게 고백하였다. 그리고 옥에 갇혀 50여 일을 지낸 뒤 경주로 이송되었으며, 이곳에서도 다시 굳게 신앙을 증거한 뒤 8개월을 옥에 갇혀 지내야만 하였다. 그러나 박해를 중단하라는 임금의 명에 따라 석방되어 집으로 돌아오게 되었다.

이후 허인백 야고보는 울산의 죽령(현 경남 울주군 상북면 이천리) 산중으로 이주하였다. 그리고 이곳에서 이양등(베드로)회장과 김종륜(루카)을 만나 함께 신앙생활을 하였고 나무 그릇을 만들어 팔아 가족들의 생계를 꾸려나갔다. 이처럼 어려운 생활 속에서도 그는 묵상을 게을리하지 않았으며, 자주 순교 원의를 드러내곤 하였다.

1866년 병인박해가 일어나면서 전국 각지에서 신자들이 체포되었을 때도 죽령 교우촌은 비교적 안전하였다. 그러나 2년 뒤인 1868년에는 포졸들이 마침내 죽령 교우촌을 찾아내게 되어 야고보는 동료들과 함께 체포되어 경주로 끌려가게 되었다. 이때 그는 가족들에게 이르기를 "나를 위해 기도해주어라. 성녀 바르바라의 순교 행적을 기억하도록 하거라"고 당부하였다.

▲ 순교자 허인백 야고보의 말

▲ 울산병영 순교성지 성당 내부

경주 진영에 이르자 곧 문초가 시작되었다. 그러나 허인백 야고보는 천주교 신자임을 고백하였을 뿐 천주교 서적이 있는 곳을 말하거나 다른 신자들을 밀고하지 않았다. 그러자 관장이 화가 나 혹독한 형벌을 가하도록 하였다. 이내 그의 몸에서는 피가 나고 다리뼈가 드러나게 되었지만, 그의 신앙은 조금도 변하지 않았다.

이어 야고보는 동료들과 함께 울산으로 이송되었다. 그리고 이곳에서 다시 문초와 형벌을 당하고 신앙을 증거한 뒤에 사형선고를 받았다. 그런 다음 장대(현 경남 울산시 병영동)으로 끌려나가 이양등 회장, 김종륜과 함께 참수형으로 순교하였으니, 1868년 9월 14일(음력 7월 8일)로 당시 그의 나이는 47세이었다. 순교 당시 그는 십자 성호를 긋고 예수·마리아의 이름을 크게 불렀다고 하며, 그의 시신은 형장까지 따라온 아내 박조이에 의해 거두어져 비밀리에 안장되었다.[17]

### (3) 복자 김종륜 루카(1819~1868년) 순교사적지

김종륜(金宗倫) 루카는 양반 집안에서 태어나 어릴 때 충청도 공주에서 천주교에 입교한 뒤 열심히 신앙생활을 하였다. 본관은 경주이고 족보 이름은 '경희(敬熙)'이다. 루카는 평소 화목함을 강조하였고, 어느 누구와도 화목하게 지내려고 노력하였다. 이후 1866년 병인박해가 일어나자 그는 부모를 모시고 경상도 상주 멍에목(현 경북 문경군 동로면 명전리)으로 피신하였다. 그리고 다시 언양 간월(현 경남 울주군 상북면 등억리)을 거쳐 울산 죽령(현 경남 울주군 상북면 이천리) 교우촌으로 이주하여 살았다.

죽령 교우촌에서 루카는 이양등(베드로) 회장과 허인백(야고보)을 만

---

17) 전게서, pp.329~330.

나 서로 권면해 가면서 신앙생활을 하였다. 그때까지도 이곳은 비교적 안전하였다. 그러나 2년 뒤인 1868년에 포졸들이 마침내 죽령 교우촌을 찾아내게 되었고, 루카는 그곳 교우들과 함께 체포되었다. 경주로 압송되어 가는 동안 김종륜 루카는 동료들의 권면을 잘 받아들여 순교를 결심하였다. 실제로 그는 경주 진영에서 문초와 형벌을 받게 되자 천주교 신자임을 고백하고 굳건하게 신앙을 증거하였다.

이어 루카는 동료들과 함께 울산으로 이송되었다. 이곳에서 다시 문초와 형벌을 당하고 신앙을 증거한 뒤에 사형선고를 받았다. 그런 다음 병영 장대(현 경남 울산시 병영동)로 끌려나가 이양등 회장과 허인백과 함께 참수형으로 순교하였으니, 그때가 1868년 9월 14일(음력 7월 28일)로, 당시 그의 나이는 50세이었다. 순교 당시에 그는 십자 성호를 긋고 예수·마리아의 이름을 크게 불렀다고 하며, 그의 시신은 형장까지 따라온 허인백의 아내 박조이에 의해 거두어져 비밀리에 안장되었다.[18]

### (4) 복자 이양등 베드로(?~1868년) 순교사적지

이양등(李陽登) 베드로는 경상남도 울산의 죽령 교우촌(현 경남 울주군 상북면 이천리) 회장이었다. 그는 본래 성품이 선량하여 꿀장사로 생계를 유지하면서 열심히 수계 생활을 하였다. 그 후 베드로는 1866년의 병인박해를 피해 죽령 교우촌으로 이주해 온 허인백(야고보)과 김종륜(루카)을 만나 서로 권면해가면서 신앙생활을 하였다. 그때까지도 이곳은 비교적 안전하였다. 그러나 2년 뒤인 1868년에는 포졸들이 마침내 죽령 교우촌을 찾아내게 되었고, 베드로는 그곳 교우들과 함께 체포되었다.

경주로 압송되어 가는 동안 이양등 베드로는 동료들의 권면을 잘 받

---

18) 전게서, pp.327~328.

아들여 순교를 결심하였다. 실제로 그는 경주 진영에서 문초와 형벌을 받게 되자 천주교 신자임을 고백하고 굳건하게 신앙을 증거하였다. 이어 베드로는 동료들과 함께 울산으로 이송되었다. 이곳에서 다시 문초와 형벌을 당하고 신앙을 증거한 뒤에 사형선고를 받았다. 그런 다음 병영 장대(현 경남 울산시 병영동)로 끌려나가 허인백·김종륜과 함께 참수형으로 순교하였으니, 그때가 1868년 9월 14일(음력 7월 28일)이었다. 순교 당시에 그는 십자 성호를 긋고 예수·마리아의 이름을 크게 불렀다고 하며, 그의 시신은 형장까지 따라온 허인백의 아내 박조이에 의해 거두어져 비밀리에 안장되었다.[19]

병영 장대에서 순교한 순교자들의 묘는 경주 진목정에 있다가, 1932년 후손들에 의해 대구로 옮겨졌다. 울산성당에서는 순교지를 보존하고 개발하기 위해서 1977년도에 순교지 535평을 매입하였으나 예산 부족으로 손을 쓰지 못하고 있다가 1979년 9월 7일 본당사목회가 중심이 되어 개발에 착수하였다. 현재는 순교자 현양비와 성 안드레아 김대건 동상이 세워져 있다.

## 5) 밀양지역 순교사적지 – 김범우 순교자 성지(경남 밀양시 삼랑진읍 만어로 652)

### (1) 김범우 토마스(1751~1787년)의 행적

김범우는 1751년 서울 남부의 명례방(현 명동성당 부근)에서 중인(中人) 역관의 8형제 중 장남으로 태어났다. 본래 그의 집안은 대대로 무관을 역임했으나, 아버지 김의서(金義瑞)가 사역원의 역원판관에 오르면서 역관집안으로 이름을 내게 되었다. 김범우는 16세가 되던 1767년에 역

---

19) 전게서, pp.325~326.

▲ **성모동굴 성당 전경 – 김범우 순교자 성지** 경남 밀양시 삼랑진읍 만어로 652

시 역관으로 유명한 천령 현씨(川寧玄氏 ; 이 집안도 열렬한 천주교 신앙을 받은 집안인데, 103위 성인의 한 분이신 현석문 가롤로가 있고, 그의 아버지 현계흠은 1801년 신유박해 때 순교하였다) 집안의 딸을 아내로 맞이하여 이듬해 아들 인고(仁考)를 낳았다.

1773년에 역과 증광시에 합격하여 종 6품인 한학우어별주부(漢學偶語別主簿)에 올랐으며, 1783년에는 셋째 아우 적우(積禹)도 역과 식년시에 합격하였다. 따라서 그의 집안은 비록 신분은 중인이었으나, 국가의 외교업무와 관련된 일을 담당하는 역관집안으로 중국을 자주 왕래하며 새로운 문물을 주변에 전파하는데 소문이 났다. 그러다 보니, 범우는 중국으로부터 들어오는 새로운 학문에 관심을 가진 젊은 학자들 특히 이벽과 이승훈 등 초기의 천주교 신자들과 친하게 지내게 되었다.

마침내 김범우는 1784년(정조 8년) 평소 친분이 있던 이벽의 권면으로 천주교에 입교하였다. 그해 가을 수표교 인근에 있던 이벽의 집에서, 봄에 북경에서 세례를 받고 귀국한 이승훈(李承薫)에게서 토마스라는 세례명으로 세례를 받았다. 이 세례식은 한국 천주교회의 창설이라고 설명되는 음력 9월에 이벽이 받은 세례식에 이어 두 번째로 이루어진

▲ 김범우 묘소

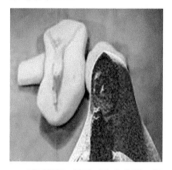

▲ 성모동굴 성당 십자가성모상

성모동굴 성당 십자가상은 김
범우 묘소가 발견되었을 당시
그 안에 매장된 뼈의 모습이 십
자가형상으로 놓여져 있었으
므로 이를 형상화하여 만들어
진 특이한 모습을 하고 있다.

▲ 성모동굴 성당 내부

것이었다. 그와 함께 세례 받은 사람은
이존창 루도비코(1759~1801), 최창현 요한
(1759~1801), 최인길 마티아(1765~1795), 지
황 사바(1767~1795) 등이었다. 세례를 받
은 직후 그는 즉시 윤지충 바오로(1759~
1791), 최필공 토마스(1766~1801), 김종교
프란치스코(1753~1801), 홍익만 안토니오
(?~1802), 변득중, 안성교, 허속, 조동섬 유
스티노(1739~1801), 이중배 마르티노
(?~1801) 등 많은 사람에게 천주교 교리를
전하거나, 자신이 가지고 있던『천주실
의(天主實義)』나『칠극(七克)』등의 교리서
를 빌려주었다. 특히 그가 서울에서 멀리
떨어진 지역에 살았던 교우들에게 천주
교 관련 서적을 빌려준 일은 교리를 전파
하는 중요한 매개체가 되었다. 또 그는
자신의 가족과 친지들에게 열심히 복음
을 전했고, 이복동생인 김이우 바르나바
(履禹, ?~1801)와 김현우 마태오(顯禹, 1775~
1801)를 입교시켰으며, 스스로도 천주교
교리를 철저히 공부하고 실천하였다.

김범우와 같은 중인들이 입교하고, 그
들이 적극적인 입교 활동을 펴기 시작하
자, 복음은 일반 서민뿐만 아니라 천민들
에게까지 널리 퍼져나갔다. 늘어나는 입

▲ 성모동굴성당 감실—독일어, 성모동굴성당 감실—한글 독일 에센에 있는 한인성당 (1960년대 독일로 파견되어 간 광부·간호사 들이 다녔던)에서 사용하던 감실로 6개 면 중에서 1면은 '천지가 창조되기 이전부터 말씀이 계셨다'는 한글로 기록되어 있다. 부산교구 소속 신부님이 교구 사목으로 에센 성당에 파견되어 가 계실 때 연결되어 한국으로 들어오게 되었으며 2011년 9월 봉헌식 이후 성모동굴 성당 감실로 사용하게 되었다.

교자와 신분차별을 극복하기 위해서 중인 신분인 김범우는 이벽의 집보다 넓고, 교통이 좋은 자리에 위치한 자신의 집을 신자들이 정기적으로 모일 수 있도록 기꺼이 제공하였다. 이벽의 집에서는 입교예절이 이루어졌던 곳이라면, 김범우의 집은 정기적인 신앙집회가 열렸던 최초의 장소가 된 것이다. 김범우의 집에서 이벽의 주도로 신앙집회를 가지면서, 신자들은 더욱더 늘어났다. 날짜를 정하여 정기적으로 신앙집회를 갖기 시작한 몇 달 후인 1785년(을사년) 봄에 도성 내를 순라하던 추조의 포졸들에게 신앙집회의 현장이 우연히 적발되었다. 이때 집회는 이벽이 주도하였고, 참석자는 양반과 중인 수십 명이었다. 포졸들은 각종 신앙집회의 증거품과 함께 참석자를 체포했지만, 형조판서 김화진은 이 사건이 큰 사건으로 비화되지 않도록 김범우만 남겨두고 참석자들을 모두 훈방하였다. 형조판서는 김범우에게 여러 가지 형벌을 가하면서 신앙을 포기하도록 종용하였지만, 그는 하느님의 은총에 힘입어

■ 찾아가는 길
[승용차] 밀양시 삼랑진읍에서 북쪽 만어산
방면 도로를 따라 3km름 가면 광천 마을삼
거리가 나온다. 여기서 좌회전하여 고개를
넘으면 다시 삼거리가 나온다. 우회전하여
1km정도 들어가면 사기점 마을인데 김범우
묘소는 10분 정도 산길을 올라야 된다.

비겁한 배교를 용감하게 거부하였다. 그는 각종 고문과 형벌을 이겨냈기에 결국에는 밀양 단장면으로 유배가게 되었다. 김범우는 유배지에 도착한 후 큰 소리로 기도를 바치고, 신앙생활을 계속하지 않는 여러 사람들을 가르쳤다고 한다. 그는 각 지역에서 찾아오는 모든 계층의 사람들에게 열렬히 복음을 전파하다가, 결국 고문당할 때 매 맞은 상처가 악화되어 유배된 지 약 2년 만인 1787년 9월 14일(양력)에 37세의 나이로 세상을 떠났다.

  (2) 김범우 유배지 논란

  달레가 쓴『한국천주교회사』에는 김범우의 동생 김현우 마태오(1775~1801)가 신유박해 때 증언한 기록을 바탕으로 김범우의 유배지가 충청도 단양(丹陽)이라고 되어있다. 이 기록을 바탕으로 오랫동안 김범우 유배지는 단양으로 알려져 왔었다. 그런데 1980년 초 김범우의 후손(김동엽)이 나타나고, 그들의 가족에게서 전해오는 이야기와 그들의 호구단자를 조사하면서, 그들은 한양에서 밀양 단장(丹場)으로 이주하였음을 찾아내었다. 그 후 순교자현양위원회의 송기인 신부와 김범우 토마스의 후손들, 그리고 연구자들은 김범우가 단장으로 유배되었다는 확신을 가지고, 김범우의 묘를 찾아내기 위해 노력했다. 몇 년에 걸쳐 밀양과 삼랑진 지역을 답사하며 수소문하다가, 마침내 1989년 김범우의 외손(손임덕, 당시 78세, 자신의 집안에서 대대로 묘지를 관리했다고 함)의 도움으로 묘를 찾았고, 그해 5월에 발굴하였다. 파묘를 한 결과 묘지의 관자리 위에 십자가 모양으로 놓여진 돌 3개와 치아들을 발견하였다. 이 돌이 무덤 속에 있는 것은 순교자 황사영의 묘소 발굴 때와 같은 경우로써 박해시대는 성물이 귀한 시기이므로 십자가, 나무묵주, 돌 등을 성물 대신 관 속에 넣어 둔 것이라고 전해지고 있다. 한편으로 발굴된 치아를 부산대학교 의과대학에 분석을 의뢰하여 성별이나 연령, 사망측정연대 등을 확인한 결과 김범우의 나이와 비슷한 남자라는 것이 밝혀졌다. 후손의 증언과 파묘의 분석을 종합하여 순교자현양위원회에서는 김범우 묘소라고 단정하였다.

발굴 이후 순교자현양위원회에서는 조심스럽게 주변의 땅을 매입하면서 묘지 조성 사업을 조용히 준비하였다. 1990년 후반에 각 교구별로 시복시성 작업이 시작되었고, 부산교구에서도 순교자현양위원회에 부산교구의 시복시성 작업을 맡겼다. 2001년에는 교구별 시복시성 작업이 한국천주교 주교회의에서 통합하여 추진하게 되었다. 이 때 부산교구에서는 30여명의 순교자가 있었지만, 이정식 요한과 양재현 마르티노 두 사람만 순교자로 시복청원을 하였고, 김범우 토마스는 순교자가 아닌 증거자로 시복청원을 하였다.

시복청원의 분위기가 고조되면서 순교자현양위원회는 위원장 송기인 신부의 주관아래 본격적으로 묘지 조성 작업을 진행하였다. 지리산에서 거대한 원석을 가져다가, 최영심의 그림으로 십자가의 길과 간단한 한국교회사 약술을 새겨 넣었다. 그뿐만 아니라 묘지 아래 1,000평의 잔디밭을 조성하여 많은 이들이 미사를 봉헌하면서 참배할 수 있도록 하였다. 주차장에서 묘지로 들어가는 길목에는 20개의 돌에 한국천주교의 기념비적 사건을 기록하여, 한국천주교회사 전체를 파악할 수 있도록 하였다.

특히 김범우 묘지 입구의 상석은 부산교구 초대 교구장인 최재선 주교의 친필을 새겼고, 김범우 묘지의 상석은 2대 교구장인 이갑수 주교의 친필을 새겼다. 더불어 김범우 묘에서 미사를 봉헌하는 제대에는 3대 교구장인 정명조 주교의 '만물봉헌'이란 친필을 새겼다. 이로써 초창기 한국천주교회의 주역인 김범우가 부산교구의 역사와 함께 하고 있으며, 부산교구의 첫 신자임을 우리들은 기억해야 할 것이다.

## 6) 기타 지역의 천주교 전파

1801년 신유박해 때 사학죄인으로 남인 학자인 이학규(李學逵, 1770~1835년)가 김해지역에 귀양을 왔다. 그는 초기 교회 지도자들과 함께 의금부에 잡혀가 심문을 받은 후 전라도 능주(현 전남 화순)로 1차 유배되었다. 10월에 '황사영 백서 사건'을 계기로 서울에 소환되어 다시 투옥되어 심문을 받은 후 김해로 유배되었다. 24년간 김해에서 유배 생활을 하면서 이 지방의 양반·중인·평민·하층민 등 각계각층의 사람들과 접촉하였고 예암정사에서(현 김해 삼방지역) 이 지방을 무대로 서학의 영향을 받은 많은 실학적인 문학작품을 썼다. 그뿐 아니라 주변사람들을 대상으로 전교하여 이 지역에 처음으로 천주교를 전파시켰던 것으로 추측하지만, 현재 남아있는 기록이나 구전은 아직 찾지 못하였다.

현재 양산지역, 김해지역, 울산지역, 동래지역으로의 천주교 전파는 초기의 밀양과 언양에 있던 신자들이 박해를 피해 이주하면서 이루어졌을 것이다. 더불어 그 지역 사람들이 소문을 듣고 신앙공동체로 찾아와서 천주교 진리를 듣고 그것을 자신의 고향에 가서 전파했다고 볼 수 있다. 그러기에 수영장대골의 순교자들, 울산장대의 순교자들, 김해 생림의 형제순교자들이 생겨날 수 있었을 것이다.

## 3. 대구대교구의 순교사적지

천주교 대구대교구(天主敎大邱大敎區)는 인구가 많은 수도권에 위치한 서울대교구, 수원교구 다음으로 규모가 큰 교구로서, 대구광역시와 경상북도 남부 지역을 관할한다. 즉 대구광역시 전역과 경상북도 경산시, 경주시, 구미시, 김천시, 영천시, 포항시, 고령군, 군위군, 성주군, 울릉군, 청도군, 칠곡군을 관할한다. 경상북도의 나머지 지역은 천주교 안동교구가 관할한다.

대구대교구의 역사는 1911년 4월 8일 교황 비오 10세가 대구대목구를 조선대목구(현재의 서울대교구)에서 분리시켜 설정함으로서 탄생하였

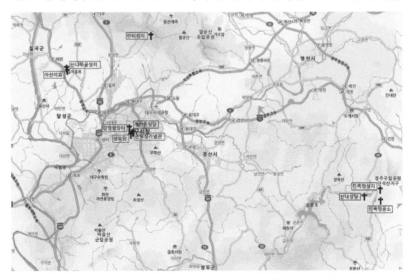

▲ 대구대교구의 성지

다(대구대목구는 당시 한국에서 2번째 큰 교구로서, 조선대목구는 경성대목구로 개칭). 이후 1937년 전라도 지역을 광주지목구와 전주지목구로 분리시키고, 1957년 경상남도(부산, 울산, 경남지역) 지역이 부산대목구로 분리되었다.

1962년 3월 10일 한국에 정식 교구체계가 설정됨으로써 대구대교구로 승격되었다. 이후 경상북도 북부지역의 효율적인 사목을 위해 설정했던 안동감목대리구가 1969년 정식 교구인 안동교구로 독립함에 따라 현재의 관할지역이 설정되게 되었다.

대구대교구는 효율적인 사목을 위해 대리구 제도를 활용하고 있다. 대리구란 교구를 행정단위와 시외 지역의 특수성을 감안하여 분할한 일정 구역을 의미하며 교구장으로부터 임명을 받아 파견된 교구장 대리가 교구장의 권위 아래 관할하는 구역을 말한다. 이와 같은 제도를 활용하는 곳은 총 신자수와 소속 본당이 많은 수원교구와 울산대리구를 분리시킨 부산교구 등이 있다. 역대 주임신부로는 안세화 플로리아노 드망즈 주교(1911년 4월 8일~1938년 2월 9일)―초대대목구장, 문제만 제르마노 무세 주교(1938년 12월 13일~1942년 8월 30일)―2대 대목구장, 하아사카 큐베에 이레네오 주교(1942년 8월 30일~1946년 1월 7일)―3대 대목구장, 주재용 바오로 몬시뇰(1946년 1월 7일~1948년 5월 21일)―4대 대목구장, 5대 노기남 바오로 주교(1948년 6월 1일~1948년 12월 9일)―대목구장 서리, 6대 최덕홍 요한 주교(1948년 12월 9일~1954년 12월 14일)―5대 대목구장, 7대 서정길 요한 대주교(1955년 9월 15일~1986년 7월 4일)―6대 대목구장·초대 교구장, 8대 이문희 바오로 대주교(1986년 7월 5일~2007년 4월 24일)―2대 교구장, 9대 최영수 요한 대주교(2007년 4월 30일~2009년 8월 17일)―3대 교구장, 10대 조환길 타대오 대주교(2010년 11월 4일~현재)―4대 교구장을 들 수 있다.

대표적인 대구대교구의 순교사적지는 계산 주교자성당(대구시 중구 서성로 10)을 비롯하여, 관덕정 순교성지(대구시 중구 관덕정길 11), 복자성당(대구시 동구 송라동 22), 성모당(대구시 중구 남산로 4길 112), 신나무골(경북 칠곡군 지천면 칠곡대로 2189-24), 진목정(경북 경주시 산내면 소태길 22-58), 한티 순교성지(경북 칠곡군 동명면 한티로 1길 69) 등을 들 수 있다.

## 1) 계산주교좌 성당

계산 성당은 천주교 대구대교구의 주교좌성당이다. 신나무골에서 사목하던 로베르 김보록 신부(1853~1922)가 대구 본당을 설정하고 1899년에 한옥 성당을 봉헌했는데, 이것이 곧 현재의 계산 주교좌성당의 전신이다. 그 뒤 이 한옥 성당은 화재로 소실되고 1903년에 현재의 고딕식 성당 건물이 뮈텔 주교의 집전으로 봉헌됐는데 1911년에 주교좌성당으로 지정되면서 종탑을 높였고 그 뒤에도 몇 차례의 부분적인 보

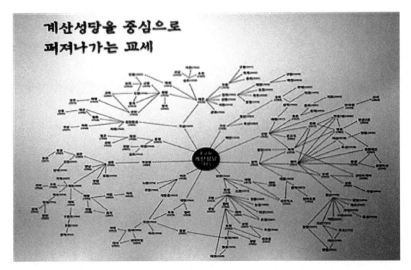

▲ 계산성당을 중심으로 한 대구대교구의 교세

▲ 계산성당 내부 전경

▲ 계산성당 앞 십자가

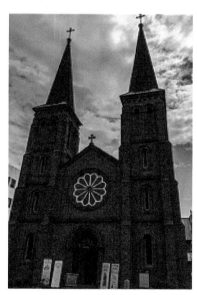

▲ 계산 주교좌성당

수로 현재의 모습을 유지하고 있다.

주교좌성당답게 신자들의 활동도 두드러졌는데 신학문 교육기관인 성립학교의 여자부는 대구지역 여성 교육의 요람이 되었으며 후에 효성보통학교로 승격되어 이 지역의 대표적인 초등교육기관으로 성장했고, 1909년에는 가톨릭청년회의 효시인 성립학우회가, 1912년에는 명도회를 발족해 교회 주보를 창간했다. 1990년부터 활동해온 연령회는 천주교의 이웃 사랑을 실천적으로 보여준 모범적인 사례로 꼽힌다.

유물관에는 초기에 사용했던 촛대, 동방 박사상 등 귀한 유물이 많은데 그 가운데 '십자가 보목'은 파리 주교관의 보물 보관소에 있던 것을 아멜리(Amelie) 추기경이 1912년에 초대 대목구 교구장인 드망즈주교에게 보낸 것이다.

■ 찾아가는 길
[승용차] 중앙고속도로 성서IC에서 달구벌대로로 계산 오거리까지 와서 우회전
[지하철] 명덕역 1번 출구 - 자동차 부속끝목 - 대구 가톨릭대학 평생 교육원 후문 - 교구청
[버스] 보성 황실맨션 앞 : 504, 609, 838, 906, 910, 929, 600, 608

## 2) 관덕정 순교성지

대구대교구 제2주보이신 이윤일 요한 성인(1823~1867)의 유해가 모셔져 있는 곳이며, 많은 신앙 선조들이 신앙을 증거하기 위해 참수 치명당한 거룩한 곳으로, 공식 명칭은 '천주교 대구 관덕정 순교성지'이다.

▲ 관덕정 순교성지

▲ 관덕정 순교성지 앞 위정척사비  ▲ 순교복자 기념비

관덕정은 조선 시대 무과 시험 제도의 하나인 도시(都試)를 행하던 도 시청으로 조선 영조 25년(1749)에 세운 건물로 옛 이름은 관덕당이었다. 관덕당은 누각과 넓은 마당이 있어 군사 조련이나 여러 사람들이 모이는 행사장으로 쓰이던 곳이었는데, 그런 이유로 이곳에서 사형 집행도 이루어졌다.

관덕정에서는 1815년 을해박해 때 7명이 순교했으며, 1827년 정해박해 때 3명, 1866년 병인박해 때 이윤일 요한 성인을 비롯하여 7명이 순교했다. 이윤일 요한 성인의 유해는 날뫼, 묵리 등을 거쳐 1976년 미리내 무명 순교자 묘역에 이장됐으나 시성된 후 1986년 12월 21일 대구대교구청 내 경당으로 옮겨 모셨고, 1987년 성인의 순교일인 1월 21일을 기하여 성모당에 안치하고 교구 제2주보 성인으로 선포했다. 그 뒤 1991년 관덕정 순교기념관이 완성되자 성인의 유해를 관덕정 내 지하성당 제대에 옮겨 모셨다.

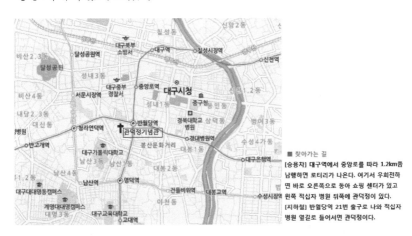

**■ 찾아가는 길**
[승용차] 대구역에서 중앙로를 따라 1.2km쯤 남행하면 로터리가 나온다. 여기서 우회전하면 바로 오른쪽으로 동아 쇼핑 센터가 있고 왼쪽 적십자 병원 뒤쪽에 관덕정이 있다.
[지하철] 반월당역 21번 출구로 나와 적십자 병원 옆길로 들어서면 관덕정이다.

### 3) 성모당

성모당은 천주교 대구대교구청 안에 위치한, 대구대교구의 제1주보이신 루르드 성모님을 모신 곳이다. 성모 동굴과 크기와 바위 모양까지 똑같고, 둘러싼 벽돌당은 교황 레오 13세가 로마에 지은 루르드 동굴의 벽돌당과 같다.

1911년 대구대교구의 초대 교구장이 된 드망즈 주교가 주교관, 신학교, 주교좌성당 증축이 이루어진다면 대구가 가장 잘 바라다 보이는 곳에 성모 동굴을 짓기로 소원했다.

그리하여 드망즈 주교가 직접 "1911 EX VOTO IMMACULATAE CONCEPION(원죄 없이 잉태되신 성모님께 드린 서약에 의해) 1918"이라는 글을 새긴 성모당이 완공되어 1918년 10월 13일 축복식을 가졌다. 1973

▲ 성모당의 성모상          ▲ 성모당의 기도

▲ 성모당

년 5월부터는 성모의 밤 행사를 개최하면서 유명해졌고, 교구의 제2주 보이신 이윤일 요한 성인의 유해도 제대 아래 모셨으며 마더 데레사와 요한 바오로 2세 교황도 이곳을 방문했다. 1990년 대구시 유형 문화재 제29호로 지정되어 있는 성모당은 전국적인 성모 신심의 중심지이다. 2009년 로마 성모 대성전과의 영적 유대가 이루어져 전대사가 주어지는 순례지가 되었다.

■ 찾아가는 길
[승용차] 중앙고속도로 성서IC에서 달구벌대로로 계산 오거리까지 와서 우회전
[지하철] 명덕역 1번 출구 - 자동차 부속골목
수성시장역 - 대구 가톨릭대학 평생 교육원 후문 - 교구청
[버스] 보성 황실맨션 앞 : 504, 609, 838, 906, 910, 929, 600, 608

### 4) 대구 복자 성당(대구시 중구 송라동 22)

대구 복자 성당에는 병인박해(1866년) 때 순교한 복자 허인백 야고보, 복자 김종륜 루카, 복자 이양등 베드로의 묘소가 있다. 세 분 순교자는 원래 박해를 피하여 언양 죽령리 공소 지역에 살다가, 더 안전한 곳으로 피신하여 경주 산내면 단석산 범굴에 숨어 살았으나 포졸들에게 붙잡혀 갖은 문초와 극심한 옥고를 치르고 울산 장대벌에서 1868년 순교하였다.

경주 진목정 뒷산인 도매산에 매장되었는데, 1932년 대구 감천리 교회 묘지로 이장했던 것을 복자 성당 건립 정신에 따라서 1973년 10월

◀ **복자성당의 순
교자 묘**(허인백·
김종륜·이양등)

▲ **복자성당의 전경**

▲ **복자성당의 김대건 신부 동상**

■ 찾아가는 길

[순롱자] 동대구역 앞 고속 터미널에서 남쪽
동대구로를 따라 1km를 가서 MBC 사거리
에서 우회전하여 우측에 청구고등학교 · 청
구네거리에서 우회전하여 300m 가면 오른
쪽에 복자 성당의 돌기둥 문(조선 시대 평물
을 상징)이 나온다.

19일에 이곳으로 옮겨 모셨다. 세 분 순교자는 '하느님의 종'으로 선정된 데에 이어 2014년 8월 시복시성 절차에 따라 복자로 시복되었다.

묘소 뒤쪽에 보이는 성당은 병인순교 100주년 성당으로서 시복시성 운동의 일환으로 교구민의 헌금으로 1970년에 봉헌된 성당이다. 성당 외형은 김대건 신부가 중국에서 올 때 타고 온 배를 상징하며, 전체적으로 유선형 모양을 이루고 지붕의 처마 끝과 종각은 뱃전과 돛대를 닮아있다.

성당 내에는 김대건 안드레아 신부, 앵베르 범 주교, 모방 나 신부, 샤스탕 정 신부의 유해를 제대와 감실에 모시고 있다.

### 5) 한티 순교성지(경북 칠곡군 동명면 한티로 1길 69)

한티 순교성지는 순교자들이 살고, 죽고, 묻힌 곳이다. 을해박해(1815년)와 정해박해(1827년)를 전후하여 박해를 피한 교우들이 팔공산 중턱으로 숨어들어 1850년 말경에 한티는 큰 교우촌을 이루게 된다.

병인박해(1866년)가 진행 중이던 1868년 봄, 한티에 들이닥친 포졸들은 배교하지 않는 많은 교우들을 그 자리에서 처형하고 마을을 불태웠다. 박해 소식을 듣고 인근에 살던 교우들이 한티에 들어왔을 때에는

▲ 한티 순교성지 입구

이미 마을은 불타 없어지고 버려진 순교자들의 시신이 산야 곳곳에서 썩어 가고 있었다. 시신의 훼손이 너무 심하여 옮길 수가 없었기에 순교한 그 자리에 시신을 안장하였다.

지금까지 확인된 한티 순교자들의 묘는 모두 37기로 박해 당시의 교우촌과 그 주위에 넓게 흩어져 있다. 그중에는 당시 공소 회장이던 조 가롤로와 부인 최 바르바라, 동생 조아기 그리고 서태순 베드로의 신원만 밝혀졌고, 그 외에는 신원을 알 수조차 없다. 현재 성지에는 박해 후 재건된 공소 터가 보존되어 있으며, 개인 또는 단체로 숙식이 가능한 피정의 집이 있어 순례에 큰 도움이 되고 있다.

▲ 한티성지의 유래

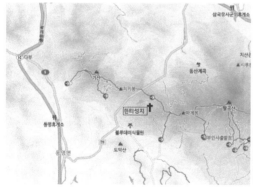

■ 찾아가는 길
[승용차] 경부고속도로 금호IC에서 중앙고속도로 칠곡, 춘천 방면을 이용하거나, 부산 방면에서 갈 경우 북대구IC에서 내려 안동, 칠곡 방면 5호선 국도를 이용한다. 동명 네거리에서 우회전하여 (팔공산 순환 도로) 약 5km가량에서 좌회전하여 700m쯤 가다가 좌로모퉁이에 현대정유주유소를 두고 부계(제2석굴암) 방면으로 약 6km 정도 가면 우측에 한티 순교 성지 입구 표지석이 보인다.

## 6) 신나무골(칠곡군 지천면 칠곡대로 2189 – 24)

신나무골이라는 명칭은 신자들이 나무 아래 움막을 짓고 살았다고 해서 유래한 지명이다. 현재 경북 칠곡군 지천면에 속하며 이 마을에 처음 신자들이 살게 된 것은 1815년 을해박해 때로 추정된다. 교우촌이 형성된 이후 샤스탕 신부가 방문한 것으로 추측되며 다블뤼 주교와 최양업 신부와 리델 신부가 사목활동을 했다. 1866년 병인박해가 일어나자 신나무골 신자들은 사방으로 뿔뿔이 흩어졌는데 한티로 피신한 대부분은 순교하고 말았다.

▲ 로베르(김보록) 신부 흉상 ▲ 이선이 엘리사벳 묘

▲ 신나무골 – 대구교회 첫 본당유적지 칠곡군 지천면 칠곡대로 2189 – 24

이곳 성지에는 경신박해(1860년 – 철종 11 – 경신년에 일어난 천주교도에 대한 박해로서 1859년 12월 마지막 주에 시작되어 이듬해 9월까지 약 9개월간 지속되었던 천주교도 탄압 사건이다) 때 순교했다고 알려진 이선이 엘리사벳 묘역과 대구 지역 최초의 본당 터가 있다. 원래 이선이의 유해는 한티에서 순교한 뒤 선산에 모셨다가 신나무골 성역화 사업의 일환으로 1984년 이곳 신나무골에 이장되었다.

대구 지역 첫 본당 터 안에는 사제관과 로베르(김보록) 신부의 흉상, 과거 선교사들의 사진과 유물, 공소 등이 있다. 로베르 신부는 1885년 후반 신나무골에 사제관을 지어 정착했는데, 이 시점을 계산 주교좌 성당의 시작으로 삼고 있다. 대구 지역에 천주교가 진출할 수 있는 계기가 되었다.

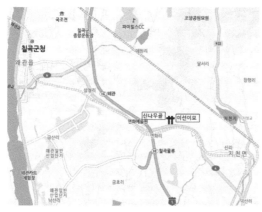

■ 찾아가는 길
[승용차] 경부고속도로 왜관IC에서 4번 국도 대구 방향으로 가다 SK주유소(왼쪽)와 현대주유소(오른쪽)를 지나 앞쪽 경부고속도로 고가도로 아래로 통과한 후 50m 전방의 연화리 피정의 집 이정표를 보고 진입하여 굴다리를 통과하면 이선이 엘리사벳 묘가 있다.

## 7) 진목정

진목정은 경주 산내면 산중에 위치하여 1860년경부터 교우들이 모여 살았던 대표적인 교우촌으로 다블뤼 주교를 비롯하여 영남 지역 전교 신부들이 이곳의 사목을 담당했다.

경신박해를 피해 진목 공소 근처의 범굴에 숨어 살던 세 분의 복자 허인백 야고보, 김종륜 루카, 이양등 베드로 등이 울산 병영 장대 벌에서 순교한 뒤 그 시신이 진목 공소 뒤편에 묻혀 있었다. 순교자들이 숨어 살던 범굴은 지금은 무너져 내려서 원형을 찾아보기 어려웠으나 대구대교구의 성직자들과 평신도들의 노력으로 발굴되었다. 순교자들의 유해는 대구 감천리 천주교 묘지를 거쳐 1973년 10월 19일에 현재 묘소가 있는 복자성당으로 모셔졌다.

현재 이곳에는 천주교 진목 공소와 세분의 순교자가 묻혀 있던 자리인 허묘가 있다. 진목 공소는 비록 작고 초라하지만 그 안에 들어가 보면 소박하면서도 단아한 모습을 엿볼 수 있다. 예로부터 성모상과 예수 성심상이 공소를 지키고 있고, 대들보에는 천주강생 1957년이란 글씨가 쓰여 있어서 이 공소의 역사를 말해준다.

▲ 진목정 순교자 성당

▲ 진목정 공소 뒤편 세 순교자의 가묘　▲ 진목정 공소

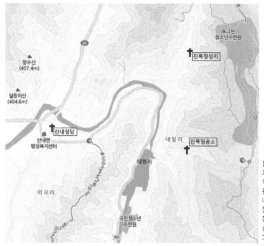

■ 찾아가는 길
[승용차] 경주에서 20번 국도를 타고 건천을 지나 산내면으로 진입한 후 언양 방향으로 약 4km를 달리면 왼편에 '진목정 성지' 표지판이 나온다. 이 표지판을 따라 소태교를 건너 좌회전해 약 100m를 진입한 후 다시 우회전하여 농로를 따라 약 1km를 더 가면 진목정 성지 피정의 집이 나온다. 여기서부터 세 순교자가 박해를 피해 살았던 범굴까지 십자가의 길이 조성돼 있다.

# 4. 마산교구의 순교사적지

## 1) 마산교구의 역사

천주교 마산교구(天主敎 馬山敎區)는 경상남도 서부 지역을 관할한다. 관할구역은 창원시, 진주시, 통영시, 거제시, 사천시, 고성군, 하동군, 산청군, 합천군, 의령군, 남해군, 거창군, 김해시 일부(진영읍, 진례면), 밀양시 일부(청도면, 무안면, 부북면, 초동면, 하남읍)이다.

교황 바오로 6세의 칙서에 의하여 부산 교구로부터 분리되어 마산교구가 설립되었다. 1966년 2월 15일 천주교 부산 교구 관할이었던 경남의 5개 시(마산, 진주, 충무, 진해, 삼천포)와 15개 군과 김해군·밀양군 일부 지역이 천주교 마산 교구로 분리 설정되었으며 1966년 5월 31일 김수환 스테파노 주교가 초대 교구장으로 부임하였다. 1968년 4월 27일 교구장 김수환 주교가 서울 대교구 대주교로 승품되어 당해 5월 29일 부산 교구 최재선 주교가 교구장 서리로 임명되어 사목하다가 10월 30

일 장병화(요셉) 주교가 제2대 교구장으로 부임하였다.

그리고 1974년 5월 31일 가톨릭 문화원 준공과 함께 교구청이 이전
하였으며, 1977년 12월 8일 부산 교구에서 관할하던 성지 여자중고등
학교와 해성 중고등학교를 학교 법인 성지 학원으로 설립 인가를 받았
다. 1970년대 현 주교좌 성당인 양덕동 성당을 비롯하여 신현·대산·용
지·봉곡·남지·상평·여좌동 성당이 설립되었으며 가톨릭 여성 회관이 개
관하였다. 1980년대에 산호·칠원·양곡·반송·회원·옥포·대건·하대·구암·
사파 성당을 신설하였다.

1989년 2월 21일 박정일(미카엘) 주교가 제3대 교구장으로 부임하였
다. 1990년대는 진동·석전·명서·신안·호계·덕산·장평·진교·북신동 성당,
해운동·용잠 성당을 신설하였다. 2000년 1월 26일 마산 교구 최초의 성

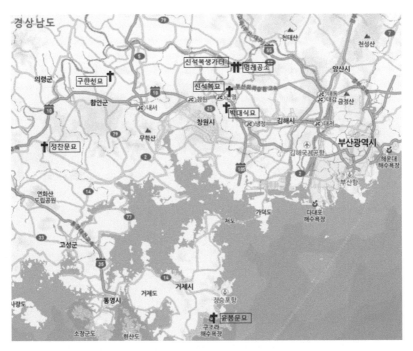

▲ 마산교구 전경

당인 마산 성요셉 성당(완월동 성당 전신으로 성지 여고 교정에 위치함)이 경상남도 문화재 제283호로 지정되었다.

2002년 11월 11일 안명옥 프란치스코 하비에르 주교가 제4대 교구장으로 부임하였다. 2000년대에는 금산·삼계·팔룡·가좌동·안의선교·서포선교·생림선교 본당을 신설하였다. 2008년 6월 14일마산시 구산면 난포리 156-1에 마산 가톨릭 교육관이 봉헌되었다.

2016년 4월 19일 배기현(콘스탄티노) 주교가 제5대 교구장으로 부임하여 현재에 이르고 있다. 교구 내 순교자 선양 사업에 힘을 쏟아 윤봉문, 정찬문, 구한선, 박대식, 신석복, 서성겸 순교자의 묘소를 정비하였으며 밀양시 하남읍에 있는 명례 성지는 담당 신부를 임명하여 성지복원에 힘쓰고 있다. 대표적인 순교사적지는 명례성지(경남 밀양시 하남읍 명례안길 44-3)·복자 박대식 묘(경남 김해시 진례면 청천리 산 30)·복자 신석복 묘(경남 김해시 진영읍 여래리 247)·복자 구한선 묘(경남 함안군 대산면 평림리 대산성당 내)·복자 윤봉문 요셉성지(경남 거제시 일운면 지세포 3길 69-22)·복자 정찬문 묘(경남 진주시 사봉면 동부로 1751번길 46-6) 등이 있다.

## 2) 명례성지

낙동강변 언덕 위의 명례성지는 밀양과 김해를 잇는 나루터로서 일찍부터 신자들이 박해를 피해 모여 살았던 곳으로 신석복과 그의 가족들은 이들의 권면으로 신자가 된 것 같다. 복자 신석복 마르코(1828~1866년)의 출생지 바로 옆에 위치한 명례성당은 경남지역에서 가장 일찍 설립된 천주교회 본당이다.

그리고 명례본당의 초대 신부이자 세 번째의 한국인 사제이며 개항기 한국에서 서품된(1896년) 첫 사제 강성삼 라우렌시우(1866~1903년) 신부의 사목지이자 1903년 지병으로 돌아가실 때까지 계신 곳이다. 1926년 명례에 부임한 권영조 마르코 신부는 1928년에 기와지붕의 성전을 봉헌하였는데 안타깝게도 1936년의 태풍으로 파괴되어 주춧돌만 남았으나 1938년에 파괴된 성당의 잔해를 사용하여 원형을 축소 복원하였다. 내부에는 벽을 향한 제대 및 그 위에 모신십자가와 장미의 성모님은 초기 신자들의 신앙과 영성을 느낄 수 있게 한다. 남녀 자리가 구분되어 있는 성전 내부의 목조구조는 전국에 몇 개 남아 있지 않은 오래된 형태이며 초기 한국 천주교 교회 건물의 전통양식을 잘 보여주는 것으로 교회사, 종교사, 문화사 그리고 건축사적 의미와 가치를 지니고 있다. 2011년 경남 문화재자료 제526호로 지정된 성전 건물의 역사

◀ **명례 성지** 경남 밀양시 하남읍 명례안길 44-3

■ 찾아가는 길
[승용차] 밀양시에서 남쪽으로 25번 도로를 타고 내려오다가 낙동강 수산대교 직전에서 좌회전하여 강을 따라 가다가 명례리 상촌으로 들어선다.

적 의미이다.

순교복자 신석복의 생가는 그동안 축사로 사용되고 있다가 2008년 그의 생가 집터가 발견되면서 명례 성지 조성 추진위원회를 구성하여 2010년 2월 생가터를 구입하여, 향후 순교자 기념성당을 건립할 예정이다.

### 3) 복자 신석복 마르코의 묘

1828년 명례리에서 출생한 신석복은 누룩과 소금장수이었는데 1866년 병인박해가 일어나자 가산(김해)에서 대구에서 내려온 포졸들에게 붙잡혔다. 당시 신석복은 장사를 나가 없었기에 포졸들은 며칠을 기다린 뒤 돌아오는 신석복을 길에서 잡아 대구로 압송했다.

그는 혹독한 심문을 받으며 배교를 강요당했지만 끝까지 신앙을 지켰다. 1866년 2월 15일(음) 교수형을 받아 순교했다. 그의 나이 39살 때였다. 그는 순교할 때 "나를 위해 한 푼도 포졸들에게 주지마라." "나를 놓아준다 해도 다시 천주교를 봉행할 것이다."는 말을 남겼다. 그의 유

▲ **복자 신석복 마르코의 묘** 경남 김해시 진영읍 여래리 247, 진영 성당 내 공원묘지

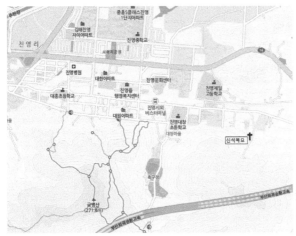

■ 찾아가는 길
[승용차] 남해고속도로 진영IC에서 나
와 14번 국도를 따라 진영 읍내로 들
어서 진영역을 지나 1.5km쯤 가면 오
른쪽에 진영 성당 공원묘지 표지판이
있다. 신석복 마르코 묘는 진영 성당
공원묘지 제대 바로 옆에 있다.

해는 아들 이냐시오가 돈을 가지고 대구로 가서 모셔왔다. 그러나 명
례에는 지방 유지들의 반대로 모시지 못하였고 부득이 낙동강 건너 한
림정 뒷산의 노루목(김해군 한림면 장방리)에 안장했다. 그 후 진영 본당에
서는 순교자의 묘소가 야산에 있음을 안타깝게 여겨 진영 본당 공원묘
지로 이전하였다(1975. 12. 1).

### 4) 순교 복자 박대식 빅토리노 묘(경남 김해시 진례면 청천리 산 30)

1811년 김해시 진례면 시예리에서 태어났다. 그의 가정은 부유하였
으며 부친 박민혁과 형제들(대붕, 대흥, 대식) 모두 신앙생활을 열심히 하
다가 병인박해(1866년)를 만나게 되었다. 이때는 가족 모두가 피신하여
잡히지 않았으나 1868년 무진박해 때 박대식(1812~1868)이 조카 박수연
과 함께 체포되었다. 그 후 김해 관아로 압송되어 3일간 혹독한 심문을
받은 뒤 대구의 경상 감영으로 이송되었다. 그곳에서 순교자는 뼈가
부러지고 몸이 뒤틀리는 고통을 받으며 배교를 강요당하며 혹독한 고
문을 받았으나 끝까지 흔들림 없이 신앙을 지켰다. 대구 감사는 빅토

리노를 배교시킬 수 없음을 알고 사형을 선고했다. 1868년 8월 27일(음) 순교자는 조카 박수연과 함께 형장으로 끌려가 참수을 받아 순교하였다. 그의 나이는 57세였다. 당시 박수연은 예비 신자 신분이었다. 박대식의 가족들은 순교자의 시신을 모셔와 선산에 모시려고 하였으나 마을 사람들과 집안의 외인들의 반대로 하는 수 없이 그의 아들 삼 형제(종립, 종반, 종철)와 형제들이 마을 뒷산인 챗골(茶谷, 현 김해시 청천리 다곡) 유씨들의 문중 산에 평장으로 매장하였다.

그 후 약 100년이 지난 1956년 봄, 후손들이 무덤의 봉분을 크게하고 순교자 부인의 묘도 이장하여 완전한 묘역으로 바꾸었다. 이때 순교자

▲ 복자 박대식의 묘소 입구　　　▲ 복자 박대식의 묘소

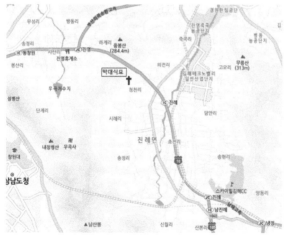

■ 찾아가는 길
[승용차] 부산에서 남해고속도로로 진행하다 진례IC에서 나오자 좌회전하여 진례면사무소 쪽으로 가다 고속도로 밑을 지나자마자 굴호가든 쪽으로 우회전(오적, 다곡 방향) 하여 약 1km 올라가면 한쪽이 폐쇄된 진영터널이 나온다. 그곳에 표시가 있고 좌측 산길로 약 10분 정도 오른다.

의 세례명이 명확하지 않아 세례명을 임시로 '노렌죠'라고 명명했으나, 『병인박해 순교자 증언록』·『병인 치명사적 23권』 등을 근거로, 2001년 순교자의 세례명이 '위도서(빅토리노)'라는 것을 밝혀내게 되었다.

### 5) 복자 구한선 타대오의 묘(경남 함안군 대산면 평림리 대산성당)

복자 구한선 타대오(1843~1866)는 함안군 대산면 출신으로 알려져 있다. 구한선은 원래 함안 미나리골 중인 계급 출신으로 신심이 돈독하고 믿음에 충실해 1866년 병인박해 직전에 리델 신부의 복사로 거제도까지 가서 전교활동을 한 바 있다. 병인박해가 일어나자 지방에서도 신자들을 찾아내기 시작하였다. 충청도와 전라도를 휩쓸었던 검거 열풍은 경상도까지 번져 특히 진주 지역에서는 대대적인 단속이 있었다. 이렇게 박해가 본격화되자 리델 신부는 충청도로 떠나고 구한선은 전주에서 지내다 붙잡혔는데 1866년 가을이었다. 그는 감옥에 갇혀 며칠 동안 혹독한 문초를 받아 심한 매질과 고문으로 성한 곳이 별로 없었다. 그러다가 결국 죽을 지경에 이르자 포졸들은 그를 집으로 돌려보냈다. 그는 집에 돌아온 지 칠 일만에 장독(杖毒)으로 순교하였는데 당시 그의 나이 23세이었다.

『치명일기』(831번)에 의하면 '구 다두, 함안 미나리골 중인으로 이(李) 신부를 모시고 거제도에 전교하였더니 병인년에 진주 포교에게 잡혀 매를 많이 맞고 나와, 즉시 병들어 7일 만에 죽으니 나이는 23세러라'라는 기록이 남아있다. 그의 무덤을 찾으려고 애쓰다가 대산 공소 회장이었던 윤성학 바오로의 증언과 순교자 구 다두 처조카였던 최성순의 증언을 바탕으로 여러 과정을 거쳐 순교자의 무덤을 확인하게 되었다. 그 후 대산 본당에서는 순교자의 무덤이 외교인의 묘역 안에 있음을

▲ 복자 구한선 타대오의 묘소 발견 경위 - 대산성당 내

▲ 복자 구한선 타대오의 묘소 - 대산성당 내

▲ 복자 구한선 타대오의 옛날 묘지

▲ 이전(2016. 10. 20.)안내

안타깝게 여겨 1976년 9월 평림리 가등산(경남 함안군 대산면 평림리 733-1)으로 이장하고 무덤 앞에 비를 세웠다. 2014년 8월 16일 순교자는 복자로 시성시복 되었고, 2016년 10월 20일 복자 구한선 타대오의 유해를 대산본당으로 모셔 새 성지를 조성하였다.

■ 찾아가는 길
[승용차] 중부내륙고속도로 칠서TG에서 나와 유성로 칠원 칠서 방면으로 우회전 후 삼칠로 칠원 창원 방면으로 좌회전 후 약 500m 이동한 뒤, 함의로 대산 방면으로 우회전 후 9.5km 이동하면 대산성당이 보인다.

### 6) 복자 윤봉문 요셉 성지(경남 거제시 지세포 3길 69-22)

복자 윤봉문 요셉(1852~1888)의 가족이 거제도에 정착한 것은 1868년경이었다. 병인박해(1866년) 중에 윤사우 스타니슬라오가 양산 '대처'를 거쳐 이곳 진목정에 와 전교 활동을 폄으로써 활발하게 포교 활동이 이루어졌다. 윤사우는 원래 경북 영일군 사람으로 할머니의 입교로 가족 모두 세례를 받았고 박해를 피해 부산 동래까지 내려온 것으로 알려져 있다. 그는 진해 웅천을 거쳐 거제도 북쪽인 버들네(유호리), 밭대(외포), 덕개(덕포)에 잠시 살다가 진목정(옥포)에 정착하게 되었다. 필묵행상으로 어렵게 살던 그는 어느날 붓을 팔기 위해 서당에 들렀다가 진씨라는 접장을 만났는데 윤사우의 유식함에 놀랐다고 한다. 접장은 붓 짐 속에 감추었던 성교문답책을 발견하고 천주교인임을 알게 되었다고 한다. 이것이 인연이 되어 윤사우는 그 접장을 천주교 신앙으로 인도하는데 바로 후일 거제도의 첫 신자가 되는 진진보이다. 신앙을 받아들이기로 결심한 진진보는 열심히 교리공부를 한 다음 윤사우와 함께 걸어서 경북땅 선주 먹방이로 가서 요한이란 이름으로 세례를 받았다고 한다(1880년경). 그 뒤 진진보 요한은 딸 순악(아녜스)을 윤사우의 둘째 아들 윤봉문(요셉)과 혼인시켜 두 집안을 더욱 가깝게 했으며, 윤사우의 큰 아들 윤경문(베드로)도 일운면 예구리 사람 주관옥의 딸 또금(아멜라)과 혼인하도록 주선하여 집안이 번성하도록 배려하였다. 이후

▲ 복자 윤용문 요셉 묘소 ▲ 복자 윤봉문 요셉 묘의 구조

▲ **복자 윤용문 유품－위장교리서**(오륜대 한국 순교자박물관 제공) 윤봉문이 거제 도에서 신도들에게 교리를 가르치기 위해 관헌의 눈을 속이기 위해 만든 교리 책이다. 앞면에는 소학(小學)을 적고 그 뒷면에 교리를 적어 놓아서 교리공부 중 에 수상한 인기척이 나면 소학을 펴서 공부했다 함.

두 아들을 거제도에 남긴 윤사우는 다시 전교 길에 올라 함안 논실에서 살다가 1883년 11월 경 선종하였다.

순교자 윤봉문은 거제의 사도로서 형 윤경문과 함께 교회 회장직을 맡아 신자들을 모아 교리를 가르치고 전교에 힘쓰는 한편 자신의 수계에도 열심이었다. 1888년 2월 7일(음) 옥포에서 체포된 윤봉문은 거제 부사 박병용의 호출을 받고 거제 관아로 끌려가 태형을 받고 투옥되었다. 포졸들은 배교시키려고 심한 문초와 고문을 가했지만 순교자는 믿음으로 버티다가 진주로 이송되어 교살당해 순교하였다. 당시 그의 나이 37세이었다. 그의 유해는 진주 장재리 공소 교우들이 거두어 공소 뒷산에 가매장하였다. 그 후 10년 뒤인 1898년경 당시 옥포 본당 복사로 있던 성(成)씨 성을 가진 바오로가 순교자의 유해를 거제도로 모셔와 옥포 족박골(足泊谷)에 안장하였다가 2013년 4월 20일 현재의 일운면 지세포의 성지 자리로 이장하였다.

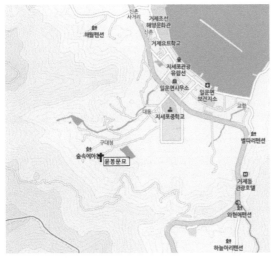

■ 찾아가는 길
[승용차] 거제대로 장승포 남부 방면으로 좌회전 후 1.5km 이동하고, 거제대로를 따라 일운 남부 방면으로 좌측도로 4.5km 이동하여 지세포3길 영은사 방면으로 우회전 후 679m 이동하면 윤봉문묘가 있다.

## 7) 복자 정찬문 안토니오의 묘(경남 진주시 사봉면 동부로 1751번 길, 46 - 6)

복자 정찬문 안토니오(1822~1867)는 진주시 사봉면 무촌리 중촌에서 부친 정서곤과 모친 울산 김씨 사이의 외아들로 태어났다. 순교자는 고려말 대사헌을 지낸 정온(鄭溫)의 후손이었다. 정온은 조선이 건국되자 절개를 지키려 낙향한 인물이었다. 순교자는 대산면 가등공소의 천주교 신자였던 칠원 윤씨와 혼인하였는데 아내의 권면으로 입교 영세하였다.

1866년 병인박해가 일어나자 순교자 정찬문은 신자임이 발각되어 포졸들에게 잡혀 진주 감옥에 갇히게 되었다. 이에 놀란 문중에서는 천주교인이 아니니 재심해달라는 청원을 하는 한편으로 순교자를 회유하려 하였다. 양반으로서 자부심이 대단했던 정씨 집안에 나라에서

▲ 복자 정찬문 순교성지 입구

▲ 복자 정찬문 묘소

▲ 복자 정찬문 성지 참배

▲ 복자 정찬문 성지 경당

금지하는 천주교인이 나타났으니 문중의 박해도 대단하였으며 갖은 압박과 질책에도 불구하고 순교자 정찬문은 배교를 거부하였다. 감옥에서 여러 차례 심한 문초와 고문을 받았지만 배교하지 않았다. 그동안 그의 가산은 모두 몰수되고 가족들의 생활은 더욱 어렵게 되었다. 이런 상황에서도 그의 아내 윤씨는 그가 감옥에 갇혀 있는 동안 아기를 등에 업고 매일 주먹밥을 들여보내며 신앙을 지키도록 격려하였다.

진주 감옥에서 거듭되는 문초에 매를 많이 맞아, 결국 이듬해(1867년) 1월 25일(음력 1866년 12월 20일) 숨을 거두었는데 그의 나이 45세였다. 죽은 뒤 친척들이 시신을 요구하자 관에서는 머리를 남겨두고 몸만 내주었다. 이는 순교자가 양반 가문 사람이고 재심을 청구한 문제의 죄수였기 때문이라고 한다. 그리하여 머리를 가져오지 못한 채 하체만 장사 지냈다고 하여 무두묘(無頭墓, 머리가 없는 묘)라 불리게 되었다. 오랫동안 정찬문 안토니오 순교자가 참수치명한 것으로 알려지게 된 것은 바로 이 때문이다.

순교자의 무덤이 알려지게 된 것은 그 후 문산본당 제7대 주임으로 부임한 서정도 베르나르도 신부(1946년)가 순교자와 무두묘 이야기를 듣고 무덤을 찾는 작업을 시작하여 마침내 1948년 3월 29일 신자들과

■ 찾아가는 길
[승용차] 남해고속도로 진성IC에서 나와 마산 방면으로 2번 국도를 따라 7.5km쯤 가면 길 왼쪽으로 사봉 주유소가 있다. 주유소 옆 길로 800m를 들어가면 된다. 무촌교에서 사봉면 사무소 방향으로 직진하면 곧 우측에 성지 표지판이 있다. 여기에서 우회전하여 들어가도 된다.

정씨 문중 사람들의 노력으로 허유고개 비탈길가에 봉분이 허물어져 아무도 무덤인 줄도 알아보지 못할 정도로 되어 있는 무두묘 무덤을 찾게 되었다. 그 후 '정 안토니오 순교자 현양위원회'가 구성되어 진주시 사봉면 동부리(1751번길 46-6)에 754평의 부지를 확보하여 1975년 10월 정찬문 안토니오 순교자의 묘소를 새로 모시게 되었다.

### 8) 진해 세스페데스공원(경상남도 창원시 진해구 남문동)

임진왜란(1592~1598년) 중 군종 신부로 조선에 최초로 발을 디딘 서양 신부로서, 한국을 침략한 일본인 사병들의 사기를 돋우기 위해 방문했던 스페인 선교사 세스페데스(Gregorio de Cespedes, 1551~1611년) 신부는 천주교 신자 고니시 유키나가(小西行長)로부터 종군신부를 파견해달라는 요청을 받은 일본관구장 코메즈(p.Comez)에 의해 파견되어 진해 웅천성에 입국, 1년 6개월 동안 종군신부로 활동했다.

경상남도 창원시 진해구 남문동에 위치한 이름부터 낯선 세스페데스 공원은 1593년 12월 서양인으로는 처음 조선땅을 밟은 스페인 세스

▲ 세스페데스 신부 유적지

페데스 신부의 역사적, 문화적, 교회사적 의미를 되새기기 위해 조성된 곳이다. 1993년 9월 스페인 정부에서 '세스페데스 신부 방한 400주년'을 기념해 진해시에 기증한 청동 기념비가 설치되어 있던 남문지구 1호 근린공원을 스페인풍으로 재단장하여 세스페데스 공원으로 이름 붙이고 공원의 전체 부지면적은 1만 4,129㎡이며 공원 입구에는 세스페데스 신부를 표현한 조형물이 세워져 있다. 전반적인 분위기는 스페인풍으로 단장한 모습들을 볼 수 있으며 공원 한 켠에는 진해 남문동 유적 9지점 기와가마터에서 발굴된 기와도 매립되어 있다. 이곳에서는 기와가마 유적에 대한 자세한 설명을 볼 수 있으며, 체험을 할 수 있는 공간도 따로 조성되어 있으나 하지만 체험시설은 제대로 관리가 되고 있지 않아 아쉬움을 남기고 있다.

# 5. 안동교구의 순교사적지

## 1) 안동교구의 역사

천주교 안동교구는(天主教 安東敎區)는 1969년 5월 29일 대구대교구에서 경상북도 북부 지역(1개시·11개군) 관할을 분리하여 설정된 교구로서 경상북도 북부 지역 사목을 목적으로 설립되어 1969년 7월 25일 초대 두봉 레나드(Rene Dupont, 1969.5~1990.10 재임) 주교가 부임하였다.

1969년 12월 13일 상지여자실업고등전문학교(현 가톨릭상지대학)를 설립했으며 1972년 9월 15일 의성·안계본당을 신설하였다. 1972년 12월 29일 상지여자종합고등학교를 설립했으며 1973년 9월 16일 안동 동부동본당을 신설하였다. 1973년 9월 22일 안동문화회관을 개관했으며 1979년 12월 1일에는 안동 태화동본당을, 1980년 1월 10일에는 풍기본

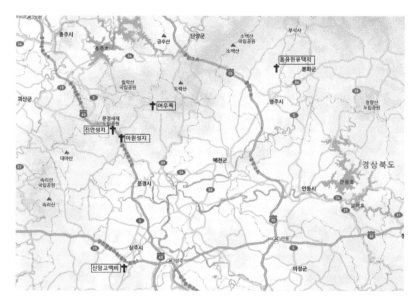

▲ 안동교구의 순교사적지

당을, 1982년 9월 1일에는 점촌 모전본당을 각각 신설하였다. 1984년 12월 17일 교구 청사를 신축했으며 1988년 7월 28일 영주 하망동본당을 신설하였다. 1991년 1월 1일 용상동본당을, 9월 5일에는 울진 후포본당을 각각 신설했으며 2002년 7월 3일에는 강구본당을 신설하였다.

2015년 말 현재 본당 39개에 주교 2명, 신부 79명, 수녀 124명, 신자 50,183명이 활동하고 있으며 경상북도 북부 지역의 안동시, 영주시, 문경시, 상주시, 예천군, 봉화군, 울진군, 영덕군, 영양군, 청송군, 의성군 지역을 관할하고 있다.

순교사적지는 마원 성지(복자 박상근 묘, 경북 문경시 문경읍 월항길 151)를 비롯하여 여우목 성지(경북 문경시 문경읍 여우목안길 28), 진안성지(경북 문경시 문경읍 새재로 602-7), 우곡 성지(경북 봉화군 봉성면 시거리길 397), 신앙고백비 성지(경북 상주시 청리면 삼괴 2길), 홍유한 고택지(경북 영주시 단산면 구국로 239-6) 등이 있다.

## 2) 마원(복자 박상근 묘)

마원 성지는 경북 문경시 문경읍 마원리(문경새재 관문 근처)에 소재하고 있으며, 현재 복자 박상근 마티아(1837~1867) 묘소가 있고 그 뒤편에 백화산이 위치 해있다.

문경 지방에 천주교가 전래하게 된 것은 1801년 신유박해 이후 충청도 지방의 교우들이 박해를 피해 고향과 가산을 버리고 찾아들기 시작하면서부터였다. 영남 북부의 험준한 산악 지대는 눈을 피해 은신하기에 적합했다. 문경, 한실, 여우목, 건학, 부럭이 등 이러한 곳들은 신앙의 선조들이 화전을 이루어 교우촌을 형성하고 살았던 유서 깊은 장소들이다.

이곳에 박해의 회오리가 불어온 것이 1866년 병인년, 서슬 퍼런 탄압은 새재를 넘어 이곳 마원에까지 들이닥치게 됐고 이때 마을의 교우 30여 명은 충주, 상주, 대구 등지로 압송돼 갖은 고문과 혹형을 당한 끝에 순교했다고 전한다.

특히 경상도 북부 지방을 담당하고 있던 칼레 강 신부를 모시고 피신하다가 잡혀, 배교의 유혹을 과감히 떨치고 30세의 젊은 나이로 순교한 박상근 마티아의 묘가 이곳에 남아 있다.

▲ **마원성지 입구** 복자 박상근 묘, 경북 문 ▲ **순교복자 박상근 마티아의 묘**
경시 문경읍 마원리 599-1

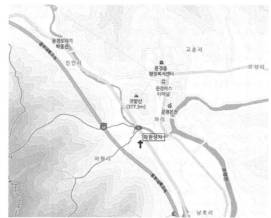

■ 찾아가는 길
[승용차] 문경읍에서 문경역을 지나 문경
주유소에서 다리를 건너자마자 삼거리에
마원성지 푯말이 서 있다. 우측 길로 접어
들어 800m쯤 들어가면 마원1리 새마을 회
관에 이른다. 회관 좌측 공터에서 백화산
쪽으로 조금 오르면 마원성지가 있다.

### 3) 진안성지

진안성지는 우리나라에서 두 번째로 사제가 된 최양업 토마스 신부가 선종한 곳으로 문경시 문경읍 문경새재 관문 방향에 있다. 일명 '새재'라고 불리는 조령은 옛날 영남 지방에서 서울로 가는 통로이며 군사적으로 대단히 중요한 요새로서 조선시대 숙종 34년(1708년) 영남의 현관인 이곳에 관문과 성벽을 축조하였다. 제1관문인 주흘관, 제2관문인

▲ **진안성지** 문경읍 새재로 602-7

조곡관, 제3관문인 조령관이 서 있는데 각각 약 3km 떨어진 곳에 위치해 있다.

충북과 경계를 이루는 영남의 관문이기에 과거시험을 보러 가는 사람들은 물론, 최양업 신부와 칼레 강 신부 등 선교사들과 교우들이 몰래 관문 옆 수구문을 통해서 충청도와 경상도를 넘나들며 선교 활동과 피난길로 이용했던 유서 깊은 곳이다. 특히 문경새재 관문과 이화령 고개 갈림길에 위치한 진안성지는 최양업 신부가 사목 보고차 서울로 올라가다가 갑자기 병을 얻어 선종한 곳이다.

◀ 진안성지의 십자가

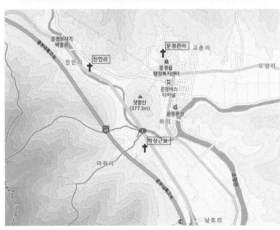

■ 찾아가는 길
[승용차] 문경읍에서 수안보 방면 문경
새재를 향해서 약 10분 정도 가면 도로
왼쪽에 공터에 십자가가 보인다. 이곳
이 진안리 성지이다.

## 4) 여우목 성지

여우목 성지(문경시 문경읍 여우목 안길 28)는 103위 성인인 이윤일 요한 성인과 서치보 요셉가정에 의하여 이루어진 교우촌으로 부근에 '건학'과 '부럭이(부락이)'라는 교우촌이 있어 빈번한 접촉을 하면서 지냈다.

소백산맥이 높고 험준한 대미산을 경계로 하여 충북 단양과 경계를 이루는 문경 지방의 최동북단에 위치한 여우목은 옛날부터 경상도 동쪽 지방의 사람들이 서울로 가기 위해서 이곳을 거쳐 문경 읍내와 새재로 넘어갔던 교통의 요충지였다.

1839년 기해박해 무렵에 충청도 홍주가 고향인 성 이윤일 요한 가정이 상주 갈골에서 이곳으로 이사를 왔고, 그 무렵에 경상도 초대 교우 서광수의 손자인 서치보 요셉의 가정이 충북 청원에서 이곳으로 피난해 오면서 신자들이 살기 시작했다.

서치보 요셉(1791~1840년)은 가족들과 함께 이곳에서 열심히 신앙생활을 하다가 1840년 9월 19일(음)에 하느님 품으로 돌아가셨다. 그때 나이 49세였다. 한편 이곳에 살다가 상주, 경산 등지로 피난 갔던 서치보의 아들들인 서인순 시몬(1808~1868년)과 서익순 요한(?~1868년), 서태순 베드로(1823~1867년)는 병인박해 때 순교하였다. 1999년 9월 18일 선산에 묻혀있던 서치보 요셉을 아들 서인순 시몬과 함께 이장하여 모셨다.

▲ 순교자 서치보 요셉 가족의 묘    ▲ 여우목 문경읍 여우목 안길 28

■ 찾아가는 길
[승용차] 문경읍에서 대미산 중턱 고갯길로
단양, 예천으로 가는 910번 지방도로를 이용
하여 중평 마을을 지나 조금 더 가면 왼쪽에
여우목 성지가 있다. 성지에서 도로로 조금
더 올라가면 왼쪽 산비탈에 서너 집이 있는
여우목 교우촌이 있다.

## 5) 상주 신앙고백비

신앙고백비는 1866년 병인박해 전의 신자인 김삼록 도미니코(1843~
1935년)가 자기의 신앙 고백에 관한 내용을 비석에 새겨 그의 집 뒷산
바위 위에 세운 것이다. 신앙고백비가 서 있는 상주군은 일찍부터 복
음이 전파되어 많은 사람들이 천주교를 믿게 되었다. 김해 김씨 집안
의 4형제 중 둘째였던 김삼록은 다른 형제들과 달리 박해에 굴하지 않
고 끝까지 믿음을 지켰다.

1886년 한불 수호 조약 이후에 공식적인 박해가 끝나고 자유가 허용
될 무렵인 1894~1900년 초에 그와 그 집안의 문중들이 살고 있던 석단

▲ 신앙고백비 경북 상주시 청리면 삼괴2길    ▲ 상주 신앙고백비 비문해제

산 아래의 현재 경북 상주시 청리면 삼괴 2길 안골짝의 쌍바위 중 오른쪽 큰 바위에 자신의 믿음을 증거하기 위해서 신앙고백비를 건립하였다. 크기는 높이 127cm, 폭 39cm, 두께 22cm이다.

이 신앙고백비는 비록 건립 연대는 100년 남짓하지만 확실하게 자기 신앙의 증거를 위해서 돌에 비를 세웠다는 것과 아직 한국 교회에서 다른 신앙고백비가 발견되지 않았다는 점에서 그 가치가 대단히 높다 하겠다. 이 고백비에는 천주님과 교황, 주교, 신부, 교우를 위한 기도가 새겨져 있다.

■ 찾아가는 길
[승용차] 중부내륙고속도로 상주IC에서 상주읍을 거쳐 남쪽 3번 도로로 청리면 소재지에서 외남면 신상리 쪽으로 가다가 다리를 건너면 청리 장로교회가 보인다. 삼괴2리마을 표지가 있는 삼거리에서 우측으로 마을길을 따라 2.3km 가면 석단문 옆에 신앙고백비가 있다. 당진-상주간 고속도로 개통으로 남상주IC에서 곧장 삼괴리로 진입할 수 있다.

## 6) 홍유한 고택지

한국 천주교회가 창립된 것이 1784년, 이보다 30여 년 전에 이미 천주교 신앙을 받아들여 심신을 연마한 이가 바로 농은 홍유한(1726~1785년)이다. 농은 홍유한 선생은 천주교가 창립되기 이전에 천주교를 받아들인 분으로서 한국 천주교 특성을 증명하기 위한 증거자료로 활용할

▲ **홍유한 고택지** 경북 영주시 단산면 구구로 239-6

수 있으며 비록 그가 물로 세례를 받지는 않았다 할지라도 천주교를 단순히 신학문으로서가 아니라 천지만물의 이치를 밝히는 종교적 요소를 가지고 대했다는 점에서 스스로 신앙생활을 시작한 첫 인물로 꼽힌다. 경북 영주시 단산면 구구로 239-6(옛지명 : 구고리)는 바로 그의 자취가 남아있는 곳이다.

그는 안동이 고장인 풍산 홍씨 문중 출신으로 조선시대 때 실학자로서 이 땅에 그리스도교 복음화의 씨앗을 뿌리내리는 데 결정적 역할을 한 신학자이다. 그리고 실학자 성호 이익의 문하에서 천주학을 처음 접한 뒤 바로 이곳에서 1775년부터 10년간 학문을 통해 깨달은 신앙의 진리를 실천했다. 그는 유교와 불교에서 발견하지 못한 천주교의 진리를 깨달은 후부터 스스로 신앙생활을 시작했을 때 6명-순교자 정조이, 순교자 홍아기 베드로, 복자 심조이 바르바라, 복자 홍재영 프로파시오, 성인 홍영주 바오로, 성인 홍·병주 베드로-, 병인박해(1866년) 때 2명-순교자 홍봉주 토마스, 순교자 홍·베드로- 등이다.

■ 찾아가는 길
[승용차] 경북 영주시에서 부석사 방면으로 372번 지방도를 따라 7km 정도 북상하면 삼거리가 나온다. 여기서 우측 길로 2.8km 가서 다시 갈라는 길에서 우측 길로 접어들어 구구교를 건너 2.4km 더 가면 유택지가 있는 마을이 나온다.

그리하여 안동교구에서는 교구설정 40주년을 맞이하여 한국교회의 최초 수탁자 홍유한 선생과 후손 순교자 13면의 안식처로서 가묘를 조성하였다.(2009.5.29.)

### 7) 우곡

우곡 성지(경북 봉화군 봉성면 시거리 길 397)는 한국 최초의 수덕자로서 『칠극』의 가르침에 따라 천주교 수계 생활을 28년 동안 이어 온 농은 홍유한(1726~1785년) 선생이 모셔져 있는 곳이다. 농은 선생은 명문가 풍산 홍씨 집안에서 태어나, 어려서부터 학문에 뛰어난 자질을 보였으나 벼슬길에 나가지 않고 16세 때부터 유명한 실학자 성호 이익 선생의 문하에서 학문에 정진하였다.

1950년경부터 성호 이익 선생의 제자들과 함께『천주실의』,『칠극』 등 서학을 연구할 때, 그는 다른 제자들보다 깨달은 바가 남달리 커서 1757년경에는 서울의 살림을 정리하고 충청남도 예산으로 내려가서『칠극』에 따라 18년 동안 혼자 천주교 수계 생활을 하였다. 1775년에는 경상도 땅 순흥 고을 구고리로 와서 10년 동안 수계 생활을 더욱 철저히 하다가 60세인 1785년 1월에 세상을 떠났다.

　그는 축일표도 없고 기도 책도 없이 7일마다 축일(주일)이 온다는 것만 알고 매월 7일, 14일, 21일, 28일에는 경건하게 쉬고 속세의 모든 일을 물리치고 기도에 전념하였다. 이러한 홍유한의 성실한 신앙자세는 후일 풍산 홍씨 집안에 13명의 순교자를 배출하게 되었다. 신유박해 (1801년) 때 5명 — 순교자 홍정호, 순교자 홍낙임, 복자 홍낙민 루카, 보가 강완숙 골롬바(홍필주의 계모), 복자 홍필주 —, **기해박해**(1839년) 때 — 순교자 정조이, 순교자 홍아기 베드로, 복자 심조이 바르바라, 복자 홍재영 프로타시오 —, **병인박해**(1866년) 때 2명 — 순교자 홍봉주 토마스, 순교자 홍베드로 — 등이다.

　그리하여 안동교구에서는 교구설정 40주년을 맞이하여 한국 천주교 교회의 최초 수덕자 홍유한 선생과 후손 순교자 13명의 안식처로서 가묘를 조성한 바 있다(2009. 5. 29).

참고문헌

# 참고문헌

<단행본>

샤를르 달레, 『한국천주교회사』, 1874.

샤를르 달레 저(안응렬·최석우 역주), 『한국천주교회사』상·중·하, 분도출판
사, 1979~1980.

Anderas Choi, 『L'Erectian du premier Vicariat Apostolique de Coree et Origines du
Catholicisme en Coree』, Suisse, 1961.

유홍렬, 『한국천주 교회사(韓國天主教會史)』上·下, 가톨릭出版社, 1975(增補
版).

유홍렬, 『고종치하(高宗治下) 서학수난(西學受難)의 연구(硏究)』, 을유문화사,
1962.

김구정 편저, 『영남순교사』, 대건출판사, 1966. 아드리앙 로네(안응열 역), 『
한국 순교 복자전』, 가톨릭출판사, 1974.

천주교부산교구범일교회, 『부산선교 구십년사 범일성당 발전사』, 분도인
쇄출판사, 1979.

최석우, 『병인박해 자료연구』, 한국교회사연구소, 1968.

최석우, 『한국천주교회의 역사』, 한국교회사연구소, 1982.

최석우, 『한국교회사의 탐구』, 한국교회사연구소, 1982.

최석우, 『한불관계자료(1846~1887)』, 한국교회사연구소, 1986.

폴 데통베 (안응열 역), 『병인년 순교자』, 가톨릭출판사, 1984.

김옥희 수녀, 『박해 시대의 교우촌』, 계성출판사, 1986.

김옥희 수녀, 『최양업 신부의 생애와 사상』, 계성출판사, 1986.

박 철, 『예수회 신부 세스뻬데스-한국방문 최초의 서구인』, 서강대학교
출판부, 1987.

마백락, 『경상 교회와 순교자들』, 대건출판사, 1989.

김옥희 수녀, 『오륜대 한국순교자 기념관』, 한국순교복자수녀회, 1996.

아드리엥 로네, 폴 데통배 저(안응렬 역), 『한국 순교자 103위전』, 가톨릭출

판사, 1998.

이정린,『황사영백서연구』, 일조각, 1999.

서종태,『병인박해와 절두산 순교자들』, 한국교회사연구소, 2003.

한국교회사연구소,『한국 가톨릭 대사전』1~12권, 2005.

여진천,『황사영백서연구』, 한국교회사연구소, 2009.

양업교회사연구소,『'하느님의 종' 최양업 토마스 신부의 서한집』, 빅벨출
판사, 2009.

오영환·박정자·김수자·수원교회사연구소,『순교의 맥을 찾아서』, 가톨릭출
판사, 2009.

김규성,「병인박해의 사회적 배경에 대한 연구－1860~1865년을 중심으로－」
『누리와 말씀(WORLD AND WORD)』29호, ≪인천가톨릭대학교≫,
가톨릭출판사, 2011.

김용기 편집,『한국의 천주교 수용, 순교사 및 현대교회』, 2013.

이병주,『125년의 역사속으로 범일성당 화보집 1889－2014 』, 도서출판 휴
마네, 2014.

오륜대한국순교자박물관 편저,『병인년 햇불 조선왕조와 천주교』, 도서출
판 순교의 맥, 2016.

<논문>

이원순,「조선말기사회의 對西敎 문제연구(敎案을 중심으로 한)」,『歷史敎育』
15, 역사교육연구회, 1973.

이원순,「明淸來 서학서의 한국사상사적 의의」『한국천주교회사 논문선집』,
한국교회사연구소, 1976.

崔鍾庫,「한국에 있어서 종교자유의 법적 보장과정」『교회사연구』3, 한국
교회사연구소, 1981.

조 광,「조선교구 설정의 민족사적 의미」『교회사연구』4, 한국교회사연구
소, 1982.

최석우,「달레 저 한국천주교회사의 형성과정」『한국교회사의 탐구』, 한국
교회사연구소, 1982.

최석우, 「한국천주교회의 기원」 『司牧』91, 1984.

최석우, 「성 김대건 신부에 대한 연구와 현양의 의의」 『교회사연구』12, 1997.

방상근, 「병인박해기의 순교자와 체포자」 『한국기독교와 역사』45, 한국교회사연구소, 2016.

김수태, 「김대건 신부의 해로를 통한 조선 입국로」 『교회사연구』49, 2016.

김수태, 「김대건 신부의 중국 여행기」 『서강인문논총』52, 2018.

서종태, 「김대건 신부의 활동과 업적에 대한 연구」 『교회사학』5-5, 2008.

'부산·영남 천주교 역사와 성지순례'를 발간하며

 

우리나라 천주교는 신부님보다 교리가 먼저 전파되어 백성들의 마음속에 자리잡은 세계에 유래가 없는 역사를 안고 있습니다. 그리고 세계열강들이 각축하던 시대적인 불행 속에서 전국 각지에서 수많은 신부님과 신자들이 박해와 순교를 당하면서도 굳건한 신앙심으로 인간의 존엄성과 자유평등 정신을 지켜나갔습니다. 특히 영남지역의 산간에는 신앙으로 마을의 터를 이루다 사라져간 수많은 신도들이 아직도 천주교 신앙의 근간을 이루고 있습니다. 그레고리오재단에서는 이분들의 숭고한 신앙심과 희생정신을 기리기위해 부산·영남의 천주교 역사와 성지를 돌아보고 신앙적 의의를 다시 한 번 상기할 수 있는 사업을 수행하여 이 책을 발간하게 되었습니다.

그레고리오재단 인문학총서 기획위원회

# 부산·영남 천주교 역사와 성지순례

| | |
|---|---|
| 초판 1쇄 인쇄일 | 2020년 1월 25일 |
| 초판 1쇄 발행일 | 2020년 1월 28일 |

| | |
|---|---|
| 지은이 | 박화진 |
| 펴낸이 | 정진이 |
| 편집/디자인 | 우정민 우민지 |
| 마케팅 | 정찬용 정구형 |
| 영업관리 | 한선희 최재희 |
| 책임편집 | 우민지 |
| 인쇄처 | 국학인쇄소 |
| 펴낸곳 | 국학자료원 새미(주) |
| | 등록일 2005 03 15 제25100-2005-000008호 |
| | 경기도 고양시 일산동구 중앙로 1261번길 79 하이베라스 405호 |
| | Tel 442-4623 Fax 6499-3082 |
| | www.kookhak.co.kr |
| | kookhak2001@hanmail.net |

| | |
|---|---|
| ISBN | 979-11-90476-10-2 [93230] |
| 가격 | 18,000원 |